給水装置工事
出題順問題集

市ケ谷出版社

目　　次

解答試案は別冊

受験ガイダンス

1. 給水装置工事主任技術者試験
（1） 給水装置工事主任技術者

　給水装置工事主任技術者とは，給水装置工事事業者が水道事業者から水道法に基づく指定を受けるための**必須の国家資格**である。

　給水装置工事主任技術者の職務は，水道法で定められている，① 給水装置工事に関する技術上の管理，② 給水装置工事に従事する者の技術上の指導監督，③ 給水装置工事に係る給水装置の構造及び材質が第十六条の規定に基づく政令で定める基準に適合していることの確認，である。

（2） 給水装置工事主任技術者試験

　給水装置工事主任技術者試験は，水道法に基づき，**毎年1回実施**される。

　試験の実施に関しては，水道法に基づき厚生労働大臣から指定された試験機関として，公益財団法人 給水工事技術振興財団が給水装置工事主任技術者試験を実施している。

2. 給水装置工事主任技術者試験実施要項
（1） 実施の日程

　令和5(2023)年度の試験申込みから合格発表までの日程を次ページの図に示す。

　なお，令和6年度の給水装置工事主任技術者試験日及び願書受付期間の公表は，令和6年6月1日を予定している。

```
━ お問い合わせ先 ━
公益財団法人　給水工事技術振興財団
　〒163-0712
　東京都新宿区西新宿2丁目7番1号　小田急第一生命ビル12階
　電話：03(6911)2711　　FAX：03(6911)2716
　ホームページ　http://www.kyuukou.or.jp
```

試験日程表 （令和 5 年度の場合）

受験申込期間
（インターネット申込書　　6 月 5 日(月)～7 月 8 日(金)
作成システム稼働期間）

受験票発送　　　　　10 月 2 日 （月）

試験日　　　　　　　10 月 22 日 （日）

合格発表　　　　　　11 月 30 日 （木）

(2) 受験資格

給水装置工事に関して，**3 年以上の実務経験**を有する者。

平成 9 年 6 月 30 日厚生労働省生活衛生局水道環境部水道整備課長通知より抜粋

（実務の経験）

　法第二十五条の六第 2 項でいう「給水装置工事に関する実務の経験」とは，給水装置工事に関する技術上のすべての職務経験をいう。

　技術上の職務経験とは，給水装置の工事計画の立案，給水装置工事の現場における監督に従事した経験，その他給水装置工事の施工計画，調整，指揮監督又は管理した経験及び給水管の配管，給水用具の設置等の給水装置工事の施行の技術的な実務に携わった経験をいい，これらの技術を習得するためにした見習い中の技術的な経験も含まれる。なお，工事現場への物品の搬送等の単なる雑務及び給与計算等の単なる庶務的な仕事に関する経験は，同条でいう実務の経験には含まれないことに留意されたい。

---

(3) 試験科目・試験問題

試験科目

　　必須 6 科目：公衆衛生概論・水道行政・給水装置工事法・給水装置の構造及び性能・給水装置計画論・給水装置工事事務論

　　その他 2 科目：給水装置の概要・給水装置施工管理法

試験問題

　　学科試験 1：試験問題数 40 問，試験時間 150 分

　　　　　　　　試験科目（公衆衛生概論・水道行政・給水装置工事法・給水装置の構造及び性能・給水装置計画論・給水装置工事事務論）

　　学科試験 2：試験問題数 20 問，試験時間 60 分

　　　　　　　　試験科目（給水装置の概要・給水装置施工管理法）

(4) 試験科目の一部免除

建設業法施行令（昭和 31 年政令 273 号）第二十七条の三の表に掲げる検定種目のうち，管工事施工管理に係る 1 級又は 2 級の技術検定に合格した者（**管**

工事施工管理技士1級又は2級）は，申請により試験科目もうち「給水装置の概要」及び「給水装置施工管理法」の免除を受けることができる。

(5)　受験資格
給水装置工事に関して3年以上の実務の経験を有する方
(1)　実務経験に該当する業務
「受験の手引き」を参考にされたい。
(2)　実務経験に該当しない業務
「受験の手引き」を参考にされたい。

(6)　合格基準（令和5年度の場合）
① 配　点
配点は，**1題につき1点**とする。（必須6科目計40点，全科目計60点。）
② 合格基準
一部免除者（水道法施行規則第三十一条の規定に基づき，試験科目の一部免除を受けた者をいう。）においては次の（1）及び（3），非免除者（全科目を受験した者をいう。）においては次の（1）～（3）のすべてを満たすこととする。
(1)　必須6科目（公衆衛生概論，水道行政，給水装置工事法，給水装置の構造及び性能，給水装置計画論，給水装置工事事務論）の得点の合計が，27点以上であること。
(2)　全8科目の総得点が，40点以上であること。
(3)　次の各科目の得点が，それぞれ次に示す点以上であること。
・公衆衛生概論　　　　　　　1点
・水道行政　　　　　　　　　2点
・給水装置工事法　　　　　　4点
・給水装置の構造及び性能　　4点
・給水装置計画論　　　　　　2点
・給水装置工事事務論　　　　2点
・給水装置の概要　　　　　　5点
・給水装置施工管理法　　　　2点

令 和 5 年 度
給水装置工事主任技術者試験

「学科試験1」 試験問題

次の注意事項を解答用紙と対比しながら声を出さずに読んで下さい。

1. 解答用紙の受験番号の確認

   解答用紙の所定欄に，あなたの受験番号が印刷してありますので，確認して下さい。
   記載内容に誤りがある場合は，手を上げて下さい。

2. 解答用紙への氏名及びフリガナの記入

   解答用紙の所定欄に，あなたの氏名を記入するとともに，フリガナをカタカナで
   記入して下さい。

3. 注意事項の表紙への受験番号及び氏名の記入

   この注意事項の表紙の所定欄に，あなたの受験番号及び氏名を記入して下さい。

4. 試験問題数及び解答時間

   学科試験1の試験問題数は40問で，解答時間は150分です。

5. 解答方法

⑴ 解答方法はマークシート方式です。設問に適した答えを一つ選び，次の例にな
   らって解答用紙にマーク（塗りつぶす）して下さい。

   なお，一つの試験問題で二つ以上マークすると誤りとなりますので注意して下
   さい。

〔例1〕 四肢択一の問題

   問題1　次のうち，日本一高い山はどれか。

   　(1)　阿蘇山　　　(2)　浅間山

   　(3)　富士山　　　(4)　槍ヶ岳

   正解は(3)ですから，次のように解答用紙の③をマークして下さい。

問題番号	解　答　欄			
問題1	①	②	●	④

〔例2〕 五肢択一の問題

   問題2　次のうち，日本一大きい湖はどれか。

1

(1)　霞ヶ浦　　　(2)　琵琶湖　　　(3)　サロマ湖

(4)　猪苗代湖　　(5)　宍道湖

　正解は(2)ですから，次のように解答用紙の②をマークして下さい。

問題番号	解　答　欄
問題2	① ● ③ ④ ⑤

(2)　採点は機械によって行いますので，解答は HB の鉛筆を使用し，○の外にはみ
出さないようにマークして下さい。ボールペンは使用しないで下さい。

　なお，シャープペンシルを使用する場合は，なるべくしんの太いものを使用し
て下さい。

　　良い解答の例……●

　　悪い解答の例……Ⓦ Ⓥ ⊗ ⊖ ⊙ ⊙ 🌑 🌑

(3)　一度マークしたところを訂正する場合は，消しゴムで消し残りのないように完
全に消して下さい。なお，砂消しゴムは，解答用紙を傷つけたり，よごす恐れが
ありますので使用してはいけません。

　　鉛筆の跡が残ったり，🐟のような消し方をした場合は，訂正したことにはなり
ませんので注意して下さい。

(4)　解答用紙は，折り曲げたり，チェックやメモ書きなどで汚したりしないように
特に注意して下さい。

6.　その他の注意事項

(1)　試験問題の内容に関する質問には一切お答えしません。

(2)　解答用紙を持ち帰ることは認めません。

(3)　途中退室は試験開始45分後から試験終了15分前までの間は認めますが，その
前後の途中退室は認めません。

(4)　途中退室する際には，着席したままで手を上げて下さい。

　　試験監督員があなたの解答用紙を回収し，退室の指示があるまで席を立たない
で下さい。

(5)　一度退室すると試験終了後，指示があるまでは再入室を認めません。

(6)　試験終了後は，試験監督員が全員の解答用紙を回収し確認作業を行いますので，
試験監督員の指示があるまで席を立たないで下さい。

(7)　試験問題は，試験終了後の持ち帰りは認めますが，途中退室する際の持ち出し
は認めません。

　　途中退室された方が試験問題を必要とする場合は，試験終了後，再入室を許可
する旨の指示を受けてから，再入室して自席のものをお持ち帰り下さい。許可す
るまでは再入室を認めません。

公衆衛生概論

【問題 1】 水道施設とその機能に関する次の組み合わせのうち, 不適当なものはどれか。

(1) 導水施設………取水した原水を浄水場に導く。

(2) 貯水施設………処理が終わった浄水を貯留する。

(3) 取水施設………水道の水源から原水を取り入れる。

(4) 配水施設………一般の需要に応じ, 必要な浄水を供給する。

(5) 浄水施設………原水を人の飲用に適する水に処理する。

【問題 2】 水道の塩素消毒に関する次の記述のうち, 不適当なものはどれか。

(1) 塩素系消毒剤として使用されている次亜塩素酸ナトリウムは, 光や温度の影響を受けて徐々に分解し, 有効塩素濃度が低下する。

(2) 残留塩素とは, 消毒効果のある有効塩素が水中の微生物を殺菌消毒したり, 有機物を酸化分解した後も水中に残留している塩素のことである。

(3) 残留塩素濃度の測定方法の一つとして, ジエチル-p-フェニレンジアミン(DPD)と反応して生じる桃～桃赤色を標準比色液と比較して測定する方法がある。

(4) 給水栓における水は, 遊離残留塩素が 0.4 mg/L 以上又は結合残留塩素が 0.1 mg/L 以上を保持していなくてはならない。

(5) 残留効果は, 遊離残留塩素より結合残留塩素の方が持続する。

【問題 3】 水道において汚染が起こりうる可能性がある化学物質に関する次の記述のうち, 不適当なものはどれか。

(1) 硝酸態窒素及び亜硝酸態窒素は, 窒素肥料, 腐敗した動植物, 家庭排水, 下水等に由来する。乳幼児が経口摂取することで, 急性影響としてメトヘモグロビン血症によるチアノーゼを引き起こす。

(2) 水銀の飲料水への混入は工場排水, 農薬, 下水等に由来する。メチル水銀等の有機水銀の毒性は極めて強く,富山県の神通川流域に多発したイタイイタイ病は, メチル水銀が主な原因とされる。

(3) ヒ素の飲料水への混入は地質, 鉱山排水, 工場排水等に由来する。海外では, 飲料用の地下水や河川水がヒ素に汚染されたことによる慢性中毒症が報告されている。

(4) 鉛の飲料水への混入は工場排水, 鉱山排水等に由来することもあるが, 水道水では鉛製の給水管からの溶出によることが多い。特に,pH 値やアルカリ度が低い水に溶出しやすい。

水道行政

【問題　4】　水道事業者が行う水質管理に関する次の記述のうち，不適当なものはどれか。

(1)　毎事業年度の開始前に水質検査計画を策定し，需要者に対し情報提供を行う。

(2)　1週間に1回以上色及び濁り並びに消毒の残留効果に関する検査を行う。

(3)　取水場，貯水池，導水渠，浄水場，配水池及びポンプ井には，鍵をかけ，柵を設ける等，みだりに人畜が施設に立ち入って水が汚染されるのを防止するのに必要な措置を講ずる。

(4)　水道の取水場，浄水場又は配水池において業務に従事している者及びこれらの施設の設置場所の構内に居住している者は，定期及び臨時の健康診断を行う。

(5)　水質検査に供する水の採取の場所は，給水栓を原則とし，水道施設の構造等を考慮して水質基準に適合するかどうかを判断することができる場所を選定する。

【問題　5】　簡易専用水道の管理基準等に関する次の記述のうち，不適当なものはどれか。

(1)　有害物や汚水等によって水が汚染されるのを防止するため，水槽の点検等を行う。

(2)　給水栓により供給する水に異常を認めたときは，必要な水質検査を行う。

(3)　水槽の掃除を毎年1回以上定期に行う。

(4)　設置者は，地方公共団体の機関又は厚生労働大臣の登録を受けた者の検査を定期に受けなければならない。

(5)　供給する水が人の健康を害するおそれがあることを知ったときは，その水を使用することが危険である旨を関係者に周知させる措置を講ずれば給水を停止しなくてもよい。

【問題　6】　給水装置及びその工事に関する次の記述の正誤の組み合わせのうち，<u>適当なものはどれか</u>。

ア　給水装置工事とは給水装置の設置又は変更の工事をいう。

イ　工場生産住宅に工場内で給水管を設置する作業は給水装置工事に含まれる。

ウ　水道メーターは各家庭の所有物であり給水装置である。

エ　給水管を接続するために設けられる継手類は給水装置に含まれない。

	ア	イ	ウ	エ
(1)	正	誤	誤	誤
(2)	正	誤	誤	正
(3)	誤	正	正	誤
(4)	誤	誤	正	正
(5)	正	正	誤	誤

【問題　7】　水道法に規定する水道事業等の認可に関する次の記述の正誤の組み合わせのうち，<u>適当なものはどれか</u>。

ア　認可制度によって，複数の水道事業者の給水区域が重複することによる不合理・不経済が回避され，国民の利益が保護されることになる。

イ　水道事業を経営しようとする者は，厚生労働大臣又は都道府県知事の認可を受けなければならない。

ウ　専用水道を経営しようとする者は，市町村長の認可を受けなければならない。

エ　水道事業を経営しようとする者は，認可後ただちに当該水道事業が一般の需要に適合していることを証明しなければならない。

	ア	イ	ウ	エ
(1)	正	正	誤	誤
(2)	誤	正	正	誤
(3)	誤	誤	正	正
(4)	正	誤	正	誤
(5)	誤	正	誤	正

【問題 8】 水道法第15条の給水義務に関する次の記述のうち, <u>不適当なものはどれか</u>。

(1) 水道事業者は, 当該水道により給水を受ける者が正当な理由なしに給水装置の検査を拒んだときは, 供給規程の定めるところにより, その者に対する給水を停止することができる。

(2) 水道事業者の給水区域内に居住する需要者であっても, 希望すればその水道事業者以外の水道事業者から水道水の供給を受けることができる。

(3) 水道事業者は, 正当な理由があってやむを得ない場合には, 給水区域の全部又は一部につきその間給水を停止することができる。

(4) 水道事業者は, 事業計画に定める給水区域内の需要者から給水契約の申し込みを受けたときは, 正当な理由がなければ, これを拒んではならない。

(5) 水道事業者は, 当該水道により給水を受ける者が料金を支払わないときは, 供給規程の定めるところにより, その者に対する給水を停止することができる。

【問題 9】 水道法第19条に規定する水道技術管理者の従事する事務に関する次の記述のうち, <u>不適当なものはどれか</u>。

(1) 水道施設が水道法第5条の規定による施設基準に適合しているかどうかの検査に関する事務

(2) 水道により供給される水の水質検査に関する事務

(3) 配水施設を含む水道施設を新設し, 増設し, 又は改造した場合における, 使用開始前の水質検査及び施設検査に関する事務

(4) 水道施設の台帳の作成に関する事務

(5) 給水装置の構造及び材質の基準に適合しているかどうかの検査に関する事務

給水装置工事法

【問題　10】　配水管からの給水管の取出しに関する次の記述の正誤の組み合わせのうち，適当なものはどれか。

ア　ダクタイル鋳鉄管の分岐穿孔に使用するサドル分水栓用ドリルの仕様を間違えると，エポキシ樹脂粉体塗装の場合「塗膜の貫通不良」や「塗膜の欠け」といった不具合が発生しやすい。

イ　ダクタイル鋳鉄管のサドル付分水栓等の穿孔箇所には，穿孔断面の防食のための水道事業者が指定する防錆剤（ぼうせいざい）を塗布する。

ウ　不断水分岐作業の場合は，分岐作業終了後，水質確認（残留塩素の測定及びにおい，色，濁り，味の確認）を行う。

エ　配水管からの分岐以降水道メーターまでの給水装置材料及び工法等については，水道事業者が指定していることが多いので確認が必要である。

	ア	イ	ウ	エ
(1)	正	正	誤	誤
(2)	誤	正	正	誤
(3)	誤	誤	正	正
(4)	正	正	誤	正
(5)	正	誤	正	正

【問題　11】　水道配水用ポリエチレン管からの分岐穿孔に関する次の記述のうち，不適当なものはどれか。

(1)　割T字管の取付け後の試験水圧は，1.75 MPa 以下とする。ただし，割T字管を取り付けた管が老朽化している場合は，その管の内圧とする。

(2)　サドル付分水栓を用いる場合の手動式の穿孔機には，カッターは押し切りタイプと切削タイプがある。

(3)　割T字管を取り付ける際，割T字管部分のボルト・ナットの締付けは，ケース及びカバーの取付け方向を確認し，片締めにならないように全体を均等に締め付けた後，ケースとカバーの合わせ目の隙間がなくなるまで的確に締め付ける。

(4)　分水EFサドルの取付けにおいて，管の切削面と取り付けるサドルの内面全体を，エタノール又はアセトン等を浸みこませたペーパータオルで清掃する。

【問題 12】 水道管の埋設深さ及び占用位置に関する次の記述の ☐ 内に入る語句の組み合わせのうち, 正しいものはどれか。

道路法施行令の第11条の3第1項第2号ロでは, 埋設深さについて, 「水管又はガス管の本線を埋設する場合においては, その頂部と路面との距離は ア m (工事実施上やむを得ない場合は イ m) を超えていること」と規定されている。しかし, 他の埋設物との交差の関係等で, 土被りを標準又は規定値までとれない場合は, ウ と協議することとし, 必要な防護措置を施す。

宅地部分における給水管の埋設深さは, 荷重, 衝撃等を考慮して エ m 以上を標準とする。

	ア	イ	ウ	エ
(1)	0.9	0.6	水道事業者	0.3
(2)	0.9	0.6	道路管理者	0.2
(3)	1.2	0.5	水道事業者	0.3
(4)	1.2	0.6	道路管理者	0.3
(5)	1.2	0.5	水道事業者	0.2

【問題 13】 水道管の明示に関する次の記述の正誤の組み合わせのうち, 適当なものはどれか。

ア 道路部分に埋設する管などの明示テープの地色は, 道路管理者ごとに定められており, その指示に従い施工する必要がある。

イ 水道事業者によっては, 管の天端部に連続して明示テープを設置することを義務付けている場合がある。

ウ 道路部分に給水管を埋設する際に設置する明示シートは, 指定する仕様のものを任意の位置に設置してよい。

エ 道路部分に布設する口径 75 mm 以上の給水管に明示テープを設置する場合は, 明示テープに埋設物の名称, 管理者, 埋設年を表示しなければならない。

	ア	イ	ウ	エ
(1)	正	誤	正	誤
(2)	正	誤	誤	正
(3)	誤	正	誤	正
(4)	正	誤	正	正
(5)	誤	正	正	誤

【問題 14】 水道メーターの設置に関する次の記述の正誤の組み合わせのうち，<u>適当なものはどれか</u>。

ア　新築の集合住宅等に設置される埋設用メーターユニットは，検定満期取替え時の漏水事故防止や，水道メーター取替え時間の短縮を図る等の目的で開発されたものである。

イ　集合住宅等の複数戸に直結増圧式等で給水する建物の親メーターにおいては，ウォーターハンマーを回避するため，メーターバイパスユニットを設置する方法がある。

ウ　水道メーターは，集合住宅の配管スペース内に設置される場合を除き，いかなる場合においても損傷，凍結を防止するため地中に設置しなければならない。

エ　水道メーターの設置は，原則として家屋に最も近接した宅地内とし，メーターの計量や取替え作業が容易な位置とする。

	ア	イ	ウ	エ
(1)	正	誤	誤	誤
(2)	正	正	誤	誤
(3)	誤	誤	正	正
(4)	誤	正	誤	正
(5)	誤	誤	誤	正

【問題 15】 消防法の適用を受けるスプリンクラーに関する次の記述のうち，<u>不適当なものはどれか</u>。

(1)　災害その他正当な理由によって，一時的な断水や水圧低下によりその性能が十分発揮されない状況が生じても水道事業者に責任がない。

(2)　乾式配管による水道直結式スプリンクラー設備は，給水管の分岐から電動弁までの停滞水をできるだけ少なくするため，給水管分岐部と電動弁との間を短くすることが望ましい。

(3)　水道直結式スプリンクラー設備の設置で，分岐する配水管からスプリンクラーヘッドまでの水理計算及び給水管，給水用具の選定は，給水装置工事主任技術者が行う。

(4)　水道直結式スプリンクラー設備は，消防法令適合品を使用するとともに，給水装置の構造及び材質の基準に関する省令に適合した給水管，給水用具を用いる。

(5)　平成19年の消防法改正により，一定規模以上のグループホーム等の小規模社会福祉施設にスプリンクラーの設置が義務付けられた。

【問題 16】 給水管の配管に当たっての留意事項に関する次の記述の正誤の組み合わせのうち，適当なものはどれか。

ア　給水装置工事は，いかなる場合でも衛生に十分注意し，工事の中断時又は一日の工事終了後には，管端にプラグ等で栓をし，汚水等が流入しないようにする。

イ　地震，災害時等における給水の早期復旧を図ることからも，道路境界付近には止水栓を設置しない。

ウ　不断水による分岐工事に際しては，水道事業者が認めている配水管口径に応じた分岐口径を超える口径の分岐等，配水管の強度を低下させるような分岐工法は使用しない。

エ　高水圧が生ずる場所としては，水撃作用が生ずるおそれのある箇所，配水管の位置に対し著しく高い箇所にある給水装置，直結増圧式給水による高層階部等が挙げられる。

	ア	イ	ウ	エ
(1)	誤	正	正	誤
(2)	正	誤	正	誤
(3)	誤	正	誤	正
(4)	正	誤	誤	正

【問題 17】 「給水装置の構造及び材質の基準に関する省令」に関する次の記述のうち，不適当なものはどれか。

(1)　給水管及び給水用具は，最終の止水機構の流出側に設置される給水用具を除き，耐圧のための性能を有するものでなければならない。

(2)　給水装置の接合箇所は，水圧に対する充分な耐力を確保するためにその構造及び材質に応じた適切な接合が行われているものでなければならない。

(3)　家屋の主配管とは，口径や流量が最大の給水管を指し，配水管からの取り出し管と同口径の部分の配管がこれに該当する。

(4)　家屋の主配管は，配管の経路について構造物の下の通過を避けることなどにより漏水時の修理を容易に行うことができるようにする。

【問題　18】　給水管の接合に関する次の記述のうち，不適当なものはどれか。

(1)　銅管のろう接合とは，管の差込み部と継手受口との隙間にろうを加熱溶解して，毛細管現象により吸い込ませて接合する方法である。

(2)　ダクタイル鋳鉄管の接合に使用する滑剤は，ダクタイル鋳鉄継手用滑剤を使用し，塩化ビニル管用滑剤やグリース等の油剤類は使用しない。

(3)　硬質塩化ビニルライニング鋼管のねじ継手に外面樹脂被覆継手を使用しない場合は，埋設の際，防食テープを巻く等の防食処理等を施す必要がある。

(4)　水道給水用ポリエチレン管の EF 継手による接合は，長尺の陸継ぎが可能であるが，異形管部分の離脱防止対策は必要である。

【問題　19】　ダクタイル鋳鉄管に関する接合形式の組み合わせについて，適当なものはどれか。

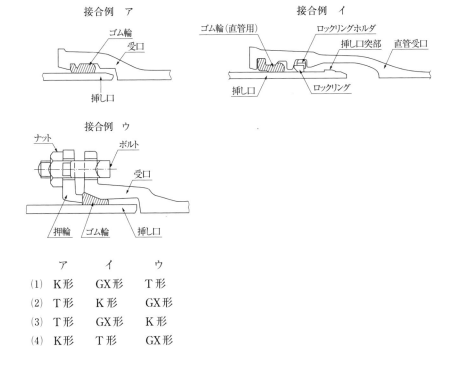

	ア	イ	ウ
(1)	K 形	GX 形	T 形
(2)	T 形	K 形	GX 形
(3)	T 形	GX 形	K 形
(4)	K 形	T 形	GX 形

給水装置の構造及び性能

【問題 20】 水道法第 16 条に関する次の記述において □□□ 内に入る正しいものはどれか。

第 16 条 水道事業者は，当該水道によつて水の供給を受ける者の給水装置の構造及び材質が政令で定める基準に適合していないときは，供給規程の定めるところにより，その者の給水契約の申込を拒み，又はその者が給水装置をその基準に適合させるまでの間その者に対する □□□ ことができる。

(1) 施設の検査を行う

(2) 水質の検査を行う

(3) 給水を停止する

(4) 負担の区分について定める

(5) 衛生上必要な措置を講ずる

【問題 21】 水道法施行令第 6 条（給水装置の構造及び材質の基準）の記述のうち，誤っているものはどれか。

(1) 配水管への取付口における給水管の口径は，当該給水装置による水の使用量に比し，著しく過大でないこと。

(2) 配水管の流速に影響を及ぼすおそれのあるポンプに直接連結されていないこと。

(3) 水圧，土圧その他荷重に対して充分な耐力を有し，かつ，水が汚染され，又は漏れるおそれがないものであること。

(4) 水槽，プール，流しその他水を入れ，又は受ける器具，施設等に給水する給水装置にあつては，水の逆流を防止するための適当な措置が講ぜられていること。

【問題 22】 次のうち，通常の使用状態において，給水装置の浸出性能基準の適用対象外となる給水用具として，適当なものはどれか。

(1) 洗面所の水栓

(2) ふろ用の水栓

(3) 継手類

(4) バルブ類

【問題 23】 給水装置の耐久性能基準に関する次の記述のうち，<u>不適当なものはどれか</u>。

(1) 耐久性能基準は，制御弁類のうち機械的・自動的に頻繁に作動し，かつ通常消費者が自らの意思で選択し，又は設置・交換できるような弁類に適用する。

(2) 弁類は，耐久性能試験により 10 万回の開閉操作を繰り返す。

(3) 耐久性能基準の適用対象は，弁類単体として製造・販売され，施工時に取付けられるものに限ることとする。

(4) ボールタップについては，通常故障が発見しやすい箇所に設置されており，耐久性能基準の適用対象にしないこととしている。

【問題 24】 給水用具の水撃防止に関する次の記述の ☐ 内に入る語句の組み合わせのうち，<u>適当なものはどれか</u>。

水栓その他水撃作用を生じるおそれのある給水用具は，厚生労働大臣が定める水撃限界に関する試験により当該給水用具内の流速を ア 毎秒又は当該給水用具内の動水圧を イ とする条件において給水用具の止水機構の急閉止（閉止する動作が自動的に行われる給水用具にあっては，自動閉止）をしたとき，その水撃作用により上昇する圧力が ウ 以下である性能を有するものでなければならない。ただし，当該給水用具の エ に近接してエアチャンバーその他の水撃防止器具を設置すること等により適切な水撃防止のための措置が講じられているものにあっては，この限りでない。

	ア	イ	ウ	エ
(1)	2 m	1.5 kPa	1.5 MPa	上流側
(2)	3 m	1.5 kPa	0.75 MPa	下流側
(3)	2 m	0.15 MPa	1.5 MPa	上流側
(4)	2 m	1.5 kPa	0.75 MPa	下流側
(5)	3 m	0.15 MPa	1.5 MPa	上流側

【問題 25】 金属管の侵食に関する次の記述の正誤の組み合わせのうち，適当なものはどれか。

ア 自然侵食のうち，マクロセル侵食とは，埋設状態にある金属材質，土壌，乾湿，通気性，pH 値，溶解成分の違い等の異種環境での電池作用による侵食である。

イ 鉄道，変電所等に近接して埋設されている場合に，漏洩電流による電気分解作用により侵食を受ける。このとき，電流が金属管に流入する部分に侵食が起きる。

ウ 地中に埋設した鋼管が部分的にコンクリートと接触している場合，アルカリ性のコンクリートに接している部分の電位が，接していない部分より低くなって腐食電池が形成され，コンクリートに接触している部分が侵食される。

エ 侵食の防止対策の一つである絶縁接続法とは，管路に電気的絶縁継手を挿入して，管の電気的抵抗を大きくし，管に流出入する漏洩電流を減少させる方法である。

```
      ア    イ    ウ    エ
(1)   正    誤    正    誤
(2)   誤    正    正    誤
(3)   正    誤    誤    正
(4)   誤    正    誤    正
```

【問題 26】 クロスコネクションに関する次の記述の正誤の組み合わせのうち，適当なものはどれか。

ア クロスコネクションは，水圧状況によって給水装置内に工業用水，排水，井戸水等が逆流するとともに，配水管を経由して他の需要者にまでその汚染が拡大する非常に危険な配管である。

イ 給水管と井戸水配管を直接連結する場合は，逆流を防止する逆止弁の設置が必要である。

ウ 給水装置と受水槽以下の配管との接続もクロスコネクションである。

エ 一時的な仮設として，給水管と給水管以外の配管を直接連結する場合は，水道事業者の承認を受けなければならない。

```
      ア    イ    ウ    エ
(1)   正    正    誤    誤
(2)   誤    誤    正    正
(3)   正    誤    誤    正
(4)   誤    正    誤    正
(5)   正    誤    正    誤
```

【問題　27】　下図のように，呼び径 25 mm の給水管からボールタップを通して水槽に給水している。この水槽を利用するときの確保すべき吐水口空間に関する次の記述のうち，適当なものはどれか。

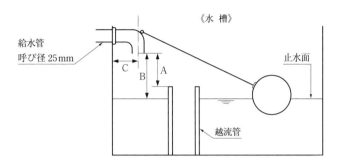

(1)　距離 A を 40 mm 以上，距離 C を 40 mm 以上確保する。
(2)　距離 B を 40 mm 以上，距離 C を 40 mm 以上確保する。
(3)　距離 A を 50 mm 以上，距離 C を 50 mm 以上確保する。
(4)　距離 B を 50 mm 以上，距離 C を 50 mm 以上確保する。

【問題　28】　逆流防止に関する次の記述の正誤の組み合わせのうち，適当なものはどれか。

ア　圧力式バキュームブレーカは，バキュームブレーカに逆圧（背圧）がかかるところにも設
置できる。
イ　減圧式逆流防止器は，逆止弁に比べ損失水頭が大きいが，逆流防止に対する信頼性は高い。しかしながら，構造が複雑であり，機能を良好に確保するためにはテストコックを用いた定期的な性能確認及び維持管理が必要である。
ウ　吐水口と水を受ける水槽の壁とが近接していると，壁に沿った空気の流れにより壁を伝わって水が逆流する。
エ　逆流防止性能を失った逆止弁は二次側から逆圧がかかると一次側に逆流が生じる。

	ア	イ	ウ	エ
(1)	正	誤	誤	正
(2)	誤	正	正	正
(3)	誤	正	正	誤
(4)	正	誤	正	誤

【問題 29】 凍結深度に関する次の記述の　　　　内に入る語句の組み合わせのうち，適当なものはどれか。

　凍結深度は，　ア　温度が　イ　になるまでの地表からの深さとして定義され，気象条件の他，　ウ　によって支配される。屋外配管は，凍結深度より　エ　布設しなければならないが，下水道管等の地下埋設物の関係で，やむを得ず凍結深度より　オ　布設する場合，又は擁壁，側溝，水路等の側壁からの離隔が十分に取れない場合等凍結深度内に給水装置を設置する場合は保温材（発泡スチロール等）で適切な防寒措置を講じる。

	ア	イ	ウ	エ	オ
(1)	地中	0℃	管の材質	深く	浅く
(2)	管内	−4℃	土質や含水率	浅く	深く
(3)	地中	−4℃	土質や含水率	深く	浅く
(4)	管内	−4℃	管の材質	浅く	深く
(5)	地中	0℃	土質や含水率	深く	浅く

給水装置計画論

【問題 30】 給水装置工事の基本調査に関する次の記述の正誤の組み合わせのうち，適当なものはどれか。

　ア　水道事業者への調査項目は，工事場所，使用水量，屋内配管，建築確認などがある。

　イ　基本調査のうち，道路管理者に確認が必要な埋設物には，水道管，下水道管，ガス管，電気ケーブル，電話ケーブル等がある。

　ウ　現地調査確認作業は，既設給水装置の有無，屋外配管，現場の施工環境などがある。

　エ　給水装置工事の依頼を受けた場合は，現場の状況を把握するために必要な調査を行う。

	ア	イ	ウ	エ
(1)	誤	正	正	誤
(2)	誤	正	誤	正
(3)	正	誤	誤	正
(4)	誤	誤	正	正
(5)	正	正	誤	誤

【問題　31】　給水方式に関する次の記述の正誤の組み合わせのうち，<u>適当なものはどれか</u>。

ア　受水槽式の長所として，事故や災害時に受水槽内に残っている水を使用することができる。

イ　配水管の水圧が高いときは，受水槽への流入時に給水管を流れる流量が過大となるが，給水用具に支障をきたさなければ，対策を講じる必要はない。

ウ　ポンプ直送式は，受水槽に受水した後，ポンプで高置水槽へ汲み上げ，自然流下により給水する方式である。

エ　直結給水方式の長所として，配水管の圧力を利用するため，エネルギーを有効に利用することができる。

	ア	イ	ウ	エ
(1)	正	誤	誤	正
(2)	誤	正	誤	正
(3)	正	誤	正	誤
(4)	誤	正	正	誤
(5)	誤	誤	正	正

【問題　32】　直結給水システムの計画・設計に関する次の記述のうち，<u>不適当なもの</u>はどれか。

(1) 直結給水システムにおける対象建築物の階高が4階程度以上の給水形態は，基本的には直結増圧式給水であるが，配水管の水圧等に余力がある場合は，直結直圧式で給水することができる。

(2) 直結給水システムにおける高層階への給水形態は，直結加圧形ポンプユニットを直列に設置する。

(3) 給水装置工事主任技術者は，既設建物の給水設備を受水槽式から直結式に切り替える工事を行う場合は，当該水道事業者の直結給水システムの基準等を確認し，担当部署と建築規模や給水計画を協議する。

(4) 建物の高層階へ直結給水する直結給水システムでは，配水管の事故等により負圧発生の確率が高くなることから，逆流防止措置を講じる。

(5) 給水装置は，給水装置内が負圧になっても給水装置から水を受ける容器などに吐出した水が給水装置内に逆流しないよう，末端の給水用具又は末端給水用具の直近の上流側において，吸排気弁の設置が義務付けられている。

【問題 33】 直結式給水による 25 戸の集合住宅での同時使用水量として，次のうち，最も適当なものはどれか。

ただし，同時使用水量は，標準化した同時使用水量により計算する方法によるものとし，1 戸当たりの末端給水用具の個数と使用水量，同時使用率を考慮した末端給水用具数，並びに集合住宅の給水戸数と同時使用戸数率は，それぞれ表－1 から表－3 までのとおりとする。

(1) 420 L/分
(2) 470 L/分
(3) 520 L/分
(4) 570 L/分
(5) 620 L/分

表－1 1 戸当たりの末端給水用具の個数と使用水量

末端給水用具	個数	使用水量（L/分）
台所流し	1	12
洗濯流し	1	20
洗面器	1	10
浴槽（和式）	1	20
大便器（洗浄タンク）	1	12

表－2 総末端給水用具数と同時使用水量比

総末端給水用具数	1	2	3	4	5	6	7	8	9	10	15	20	30
同時使用水量比	1.0	1.4	1.7	2.0	2.2	2.4	2.6	2.8	2.9	3.0	3.5	4.0	5.0

表－3 給水戸数と同時使用戸数率

給水戸数	1～3	4～10	11～20	21～30	31～40	41～60	61～80	81～100
同時使用戸数率（%）	100	90	80	70	65	60	55	50

【問題　34】　図-1に示す直結式給水による戸建て住宅で，口径決定に必要となる全所要水頭として，適当なものはどれか。

　ただし，計画使用水量は同時使用率を考慮して表-1により算出するものとし，器具の損失水頭は器具ごとの使用水量において表-2により，給水管の動水勾配は表-3によるものとする。なお，管の曲がり，分岐による損失水頭は考慮しないものとする。

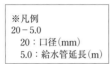

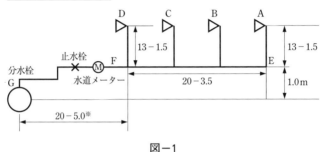

図-1

(1)　8.7 m

(2)　9.7 m

(3)　10.7 m

(4)　11.7 m

(5)　12.7 m

表-1　計画使用水量

給水用具名	同時使用の有無	計画使用水量（L/分）
A　台所流し	使用	12
B　洗面器	―	8
C　大便器	―	12
D　浴槽	使用	20

表-2　器具の損失水頭

給水用具等	損失水頭（m）
給水栓A（台所流し）	0.8
給水栓D（浴槽）	2.1
水道メーター	1.5
止水栓	1.3
分水栓	0.5

表-3　給水管の動水勾配

流量（L/分） ＼ 口径	13 mm（‰）	20 mm（‰）
12	230	40
20	600	80
32	1300	180

【問題　35】　受水槽式による総戸数50戸（2LDKが20戸，3LDKが30戸）の集合住宅1棟の標準的な受水槽容量の範囲として，次のうち，最も適当なものはどれか。

ただし，2LDK1戸当たりの居住人員は2.5人，3LDK1戸当たりの居住人員は3人とし，1人1日当たりの使用水量は250Lとする。

(1)　14 m³～21 m³

(2)　17 m³～24 m³

(3)　20 m³～27 m³

(4)　23 m³～30 m³

(5)　26 m³～33 m³

給水装置工事事務論

【問題　36】　指定給水装置工事事業者（以下，本問においては「指定事業者」という。）及び給水装置工事主任技術者（以下，本問においては「主任技術者」という。）に関する次の記述のうち，適当なものはどれか。

(1)　指定事業者は，厚生労働省令で定める給水装置工事の事業の運営に関する基準に従い適正な給水装置工事の事業の運営に努めなければならない。

(2)　主任技術者は，指定事業者の事業活動の本拠である事業所ごとに選任され，個別の給水装置工事ごとに水道事業者から指名されて，調査，計画，施工，検査の一連の給水装置工事業務の技術上の管理を行う。

(3)　指定事業者から選任された主任技術者は，水道法の定めにより給水装置工事に従事する者の技術力向上のために，研修の機会を確保することが義務付けられている。

(4)　指定事業者及び主任技術者は，水道法に違反した場合，厚生労働大臣から指定の取り消しや主任技術者免状の返納を命じられることがある。

【問題　37】　給水装置工事の記録及び保存に関する次の記述の正誤の組み合わせのうち，適当なものはどれか。

ア　給水装置工事主任技術者は，施主の氏名又は名称，施行場所，完了年月日，給水装置工事主任技術者の氏名，竣工図，使用した材料に関する事項，給水装置の構造材質基準への適合性確認の方法及びその結果についての記録を作成し，保存しなければならない。

イ　指定給水装置工事事業者は，給水装置工事の施行を申請したとき用いた申請書に記録として残すべき事項が記載されていれば，その写しを記録として保存してもよい。

ウ　給水装置工事主任技術者は，単独水栓の取り替えなど給水装置の軽微な変更であっても，給水装置工事の記録を作成し，保存しなければならない。

エ　指定給水装置工事事業者は，水道法に基づき施主に給水装置工事の記録の写しを提出しなければならない。

	ア	イ	ウ	エ
(1)	誤	正	誤	正
(2)	正	正	誤	誤
(3)	誤	誤	正	正
(4)	正	誤	正	誤

【問題 38】 建築基準法に基づき建築物に設ける飲料水の配管設備に関する次の記述のうち，<u>不適当なもの</u>はどれか。

(1) 給水立て主管からの各階への分岐管等主要な分岐管には，分岐点に近接した部分で，かつ，操作を容易に行うことができる部分に安全弁を設けること。

(2) ウォーターハンマーが生ずるおそれがある場合においては，エアチャンバーを設けるなど有効なウォーターハンマー防止のための措置を講ずること。

(3) 給水タンク内部に飲料水の配管設備以外の配管設備を設けないこと。

(4) 給水タンクの上にポンプ，ボイラー，空気調和機等の機器を設ける場合は，飲料水を汚染することのないように衛生上必要な措置を講ずること。

【問題 39】 給水装置の構造及び材質の基準に係る認証制度に関する次の記述の正誤の組み合わせのうち，<u>適当なもの</u>はどれか。

ア 自己認証は，給水管，給水用具の製造業者等が自ら又は製品試験機関等に委託して得たデータや作成した資料等に基づき，性能基準適合品であることを証明するものである。

イ 自己認証において各製品は，設計段階で基準省令に定める性能基準に適合していることを証明することで，認証品として使用できる。

ウ 第三者認証は，中立的な第三者機関が製品や工場検査等を行い，基準に適合しているものについては基準適合品として登録して認証製品であることを示すマークの表示を認める方法である。

エ 日本産業規格（JIS 規格）に適合している製品及び日本水道協会による団体規格等の検査合格品は，全て性能基準適合品である。

	ア	イ	ウ	エ
(1)	正	正	誤	誤
(2)	誤	正	正	誤
(3)	誤	正	誤	正
(4)	正	誤	正	誤
(5)	正	誤	誤	正

【問題 40】 給水装置用材料の基準適合品に関する次の記述の正誤の組み合わせのうち, 適当なものはどれか。

ア 給水装置用材料が使用可能か否かは, 基準省令に適合しているか否かであり, この判断のために製品等に表示している適合マークがある。

イ 厚生労働省では, 製品ごとのシステム基準への適合性に関する情報を全国で利用できるよう, 給水装置データベースを構築している。

ウ 厚生労働省の給水装置データベースに掲載されている情報は, 製造者等の自主情報に基づくものであり, その内容は情報提供者が一切の責任を負う。

エ 厚生労働省の給水装置データベースの他に, 第三者認証機関のホームページにおいても情報提供サービスが行われている。

	ア	イ	ウ	エ
(1)	誤	正	誤	正
(2)	誤	誤	正	正
(3)	正	誤	正	誤
(4)	正	正	誤	誤

「学科試験 2」 試験問題

次の注意事項を解答用紙と対比しながら声を出さずに読んで下さい。

1. 解答用紙の受験番号の確認

   解答用紙の所定欄に，あなたの受験番号が印刷してありますので，確認して下さい。記載内容に誤りがある場合は，手を上げて下さい。

2. 解答用紙への氏名及びフリガナの記入

   解答用紙の所定欄に，あなたの氏名を記入するとともに，フリガナをカタカナで記入して下さい。

3. 注意事項の表紙への受験番号及び氏名の記入

   この注意事項の表紙の所定欄に，あなたの受験番号及び氏名を記入して下さい。

4. 試験問題数及び解答時間

   学科試験 2 の試験問題数は 20 問で，解答時間は 60 分です。

5. 解答方法

⑴　解答方法はマークシート方式です。設問に適した答えを一つ選び，次の例にならって解答用紙にマーク（塗りつぶす）して下さい。

   なお，一つの試験問題で二つ以上マークすると誤りとなりますので注意して下さい。

〔例 1〕四肢択一の問題

   問題1　次のうち，日本一高い山はどれか。

   　(1)　阿蘇山

   　(2)　浅間山

   　(3)　富士山

   　(4)　槍ヶ岳

   　正解は(3)ですから，次のように解答用紙の③をマークして下さい。

問題番号	解　答　欄			
問題1	①	②	●	④

〔例 2〕五肢択一の問題

   問題2　次のうち，日本一大きい湖はどれか。

   　(1)　霞ヶ浦

   　(2)　琵琶湖

   　(3)　サロマ湖

   　(4)　猪苗代湖

⑸　宍道湖

正解は⑵ですから，次のように解答用紙の②をマークして下さい。

問題番号	解　答　欄
問題2	① ● ③ ④ ⑤

⑵　採点は機械によって行いますので，解答は HB の鉛筆を使用し，○の外にはみ出さないようにマークして下さい。ボールペンは使用しないで下さい。

なお，シャープペンシルを使用する場合は，なるべくしんの太いものを使用して下さい。

良い解答の例……●

悪い解答の例……Ⓦ Ⓥ ⊗ ⊖ ⊝ ⊙ ◐ ●

⑶　一度マークしたところを訂正する場合は，消しゴムで消し残りのないように完全に消して下さい。なお，砂消しゴムは，解答用紙を傷つけたり，よごす恐れがありますので使用してはいけません。

鉛筆の跡が残ったり，●のような消し方をした場合は，訂正したことにはなりませんので注意して下さい。

⑷　解答用紙は，折り曲げたり，チェックやメモ書きなどで汚したりしないように特に注意して下さい。

6.　その他の注意事項

⑴　試験問題の内容に関する質問には一切お答えしません。

⑵　解答用紙を持ち帰ることは認めません。

⑶　途中退室は試験開始 45 分後から試験終了 15 分前までの間は認めますが，その前後の途中退室は認めません。

⑷　途中退室する際には，着席したままで手を上げて下さい。

試験監督員があなたの解答用紙を回収し，退室の指示があるまで席を立たないで下さい。

⑸　一度退室すると試験終了後，指示があるまでは再入室を認めません。

⑹　試験終了後は，試験監督員が全員の解答用紙を回収し確認作業を行いますので，試験監督員の指示があるまで席を立たないで下さい。

⑺　試験問題は，試験終了後の持ち帰りは認めますが，途中退室する際の持ち出しは認めません。

途中退室された方が試験問題を必要とする場合は，試験終了後，再入室を許可する旨の指示を受けてから，再入室して自席のものをお持ち帰り下さい。許可するまでは再入室を認めません。

給水装置の概要

【問題 41】 ライニング鋼管に関する次の記述の正誤の組み合わせのうち，適当なものはどれか。

ア　ライニング鋼管は，管の内面，あるいは管の内外面に硬質ポリ塩化ビニルやポリエチレン等のライニングを施し，強度に対してはライニングが，耐食性等については鋼管が分担できるようにしたものである。

イ　硬質塩化ビニルライニング鋼管は，屋内配管には SGP-VA，屋内配管及び屋外露出配管には SGP-VB，地中埋設配管及び屋外露出配管には SGP-VD が使用されることが一般的である。

ウ　管端防食形継手は，硬質塩化ビニルライニング鋼管用，ポリエチレン粉体ライニング鋼管用としてそれぞれ別に規格化されている。

エ　管端防食形継手には，内面を樹脂被覆したものと，内外面とも樹脂被覆したものがある。外面被覆管を地中埋設する場合は，外面被覆等の耐食性を配慮した継手を使用する。

	ア	イ	ウ	エ
(1)	誤	正	正	誤
(2)	正	誤	正	誤
(3)	誤	正	誤	正
(4)	正	誤	誤	正

【問題 42】 合成樹脂管に関する次の記述のうち，不適当なものはどれか。

(1) ポリブテン管は，高温時でも高い強度を持ち，しかも金属管に起こりやすい腐食もないので温水用配管に適している。

(2) 水道用ポリエチレン二層管は，低温での耐衝撃性に優れ，耐寒性があることから寒冷地の配管に多く使われている。

(3) 架橋ポリエチレン管は，耐熱性，耐寒性及び耐食性に優れ，軽量で柔軟性に富んでおり，管内にスケールが付きにくく，流体抵抗が小さい等の特徴を備えている。

(4) 硬質ポリ塩化ビニル管は，耐食性，特に耐電食性に優れるが，他の樹脂管に比べると引張降伏強さが小さい。

【問題 43】 塩化ビニル管に関する次の記述の正誤の組み合わせのうち、適当なもの
はどれか。

ア 硬質ポリ塩化ビニル管用継手は、硬質ポリ塩化ビニル製及びダクタイル鋳鉄製
のものがある。また、接合方法は、接着剤による TS 接合とゴム輪による RR 接合
がある。

イ 耐衝撃性硬質ポリ塩化ビニル管は、硬質ポリ塩化ビニル管の耐衝撃強度を高め
るように改良されたものであり、長期間、直射日光に当たっても耐衝撃強度が低
下することはない。

ウ 耐熱性硬質ポリ塩化ビニル管は、金属管と比べ温度による伸縮量が大きいため、
配管方法によってその伸縮を吸収する必要がある。

エ 耐熱性硬質ポリ塩化ビニル管は、硬質ポリ塩化ビニル管を耐熱用に改良したも
のであり、瞬間湯沸器用の配管に適している。

	ア	イ	ウ	エ
(1)	正	誤	誤	正
(2)	正	誤	正	誤
(3)	誤	正	正	誤
(4)	誤	正	誤	正

【問題 44】 銅管に関する次の記述のうち、不適当なものはどれか。

(1) 引張強度に優れ、材質により硬質・軟質の 2 種類があり、軟質銅管は 4〜5 回の
凍結では破裂しない。

(2) 耐食性に優れるため薄肉化しているので、軽量で取扱いが容易である。

(3) アルカリに侵されず、スケールの発生も少なく、遊離炭酸が多い水に適してい
る。

(4) 外傷防止と土壌腐食防止を考慮した被膜管があり、配管現場では、管の保管、
運搬に際して凹み等をつけないよう注意する必要がある。

【問題　45】　給水用具に関する次の記述の正誤の組み合わせのうち，<u>適当なものはどれか</u>。

ア　冷水機（ウォータークーラー）は，冷却タンクで給水管路内の水を任意の一定温度に冷却し，押ボタン式又は足踏式の開閉弁を操作して，冷水を射出する給水用具である。

イ　瞬間湯沸器は，器内の熱交換器で熱交換を行うもので，水が熱交換器を通過する間にガスバーナ等で加熱する構造である。

ウ　貯湯湯沸器は，給水管に直結し有圧のまま給水管路内に貯えた水を加熱する構造の湯沸器で，湯温に連動して自動的に燃料通路を開閉あるいは電源を入り切り（ON／OFF）する機能を持っている。

エ　自然冷媒ヒートポンプ給湯機は，熱源に太陽光を利用しているため，消費電力が少ない湯沸器である。

	ア	イ	ウ	エ
(1)	正	誤	誤	正
(2)	正	正	誤	誤
(3)	誤	正	誤	正
(4)	誤	正	正	誤

【問題　46】　直結加圧形ポンプユニットに求められる性能に関する次の記述のうち，<u>不適当なものはどれか</u>。

(1)　始動・停止による配水管の圧力変動が極小であり，ポンプ運転による配水管の圧力に脈動がないこと。

(2)　吸込側の水圧が異常低下した場合には自動停止し，水圧が復帰した場合には自動復帰すること。

(3)　使用水量が多い場合に自動停止すること。

(4)　圧力タンクは，ポンプが停止した後も，吐出圧力，吸込圧力及び自動停止の性能を満足し，吐出圧力が保持できる場合は設置しなくてもよい。

【問題　47】　給水用具に関する次の記述の　　　　内に入る語句の組み合わせのうち，適当なものはどれか。

① 甲形止水栓は，止水部が落しこま構造であり，損失水頭は　ア　。

② ボール止水栓は，弁体が球状のため 90° 回転で全開・全閉することのできる構造であり，損失水頭は　イ　。

③ 仕切弁は，弁体が鉛直方向に上下し，全開・全閉する構造であり，全開時の損失水頭は　ウ　。

④ 玉形弁は，止水部が吊りこま構造であり，弁部の構造から流れがＳ字形となるため，損失水頭は　エ　。

	ア	イ	ウ	エ
(1)	小さい	大きい	小さい	小さい
(2)	大きい	大きい	小さい	小さい
(3)	小さい	大きい	大きい	大きい
(4)	大きい	小さい	小さい	大きい
(5)	大きい	小さい	大きい	小さい

【問題　48】　給水用具に関する次の記述の正誤の組み合わせのうち，適当なものはどれか。

ア サーモスタット式の混合水栓は，流水抵抗によってこまパッキンが摩耗するので，定期的なこまパッキンの交換が必要である。

イ シングルレバー式の混合水栓は，シングルカートリッジを内蔵し，吐水・止水，吐水量の調整，吐水温度の調整ができる。

ウ 不凍給水栓は，外とう管が揚水管（立上り管）を兼ね，閉止時に揚水管（立上り管）及び地上配管内の水を排水できる構造を持つ。

エ 不凍水抜栓は，排水口が凍結深度より浅くなるよう埋設深さを考慮する。

	ア	イ	ウ	エ
(1)	誤	正	正	誤
(2)	正	誤	誤	正
(3)	正	正	誤	誤
(4)	誤	誤	正	誤
(5)	誤	正	誤	正

【問題　49】　給水用具に関する次の記述のうち，<u>不適当なもの</u>はどれか。

(1)　逆止弁は，逆圧による水の逆流を防止する給水用具であり，ばね式，リフト式等がある。

(2)　定流量弁は，オリフィス式，ニードル式，ばね式等による流量調整機構によって，一次側の圧力に関わらず流量が一定になるよう調整する給水用具である。

(3)　減圧弁は，設置した給水管や貯湯湯沸器等の水圧が設定圧力よりも上昇すると，給水管路及び給水用具を保護するために弁体が自動的に開いて過剰圧力を逃し，圧力が所定の値に降下すると閉じる機能を持っている。

(4)　吸排気弁は，給水立て管頂部に設置され，管内に負圧が生じた場合に自動的に多量の空気を吸気して給水管内の負圧を解消する機能を持った給水用具である。

【問題　50】　水道メーターに関する次の記述の正誤の組み合わせのうち，<u>適当なもの</u>はどれか。

ア　水道メーターは，需要者が使用する水量を積算計量する計量器であり，水道法に定める特定計量器の検定に合格したものを設置しなければならない。

イ　水道メーターは，許容流量範囲を超えて水を流すと，正しい計量ができなくなるおそれがあるため，水道メーターの呼び径を決定する際には，適正使用流量範囲，瞬時使用の許容流量等に十分留意する必要がある。

ウ　水道メーターの計量方法は，流れている水の流速を測定して流量に換算する流速式（推測式）と，水の体積を測定する容積式（実測式）に分類され，我が国で使用されている水道メーターは，ほとんどが容積式である。

エ　水道メーターの遠隔指示装置は，設置した水道メーターの表示水量を水道メーターから離れた場所で能率よく検針するために設けるものであり，発信装置（又は記憶装置），信号伝送部（ケーブル）及び受信器から構成される。

	ア	イ	ウ	エ
(1)	正	誤	誤	正
(2)	誤	正	正	誤
(3)	正	誤	正	誤
(4)	誤	誤	正	正
(5)	誤	正	誤	正

【問題 51】 水道メーターに関する次の記述のうち，不適当なものはどれか。

(1) 水道メーターは，各水道事業者により，使用する形式が異なるため，設計に当たっては，あらかじめ確認する必要がある。

(2) 接線流羽根車式水道メーターは，計量室内に設置された羽根車にノズルから接線方向に噴射水流を当て，羽根車を回転させて通過水量を積算表示する構造である。

(3) 軸流羽根車式水道メーターは，管状の器内に設置された流れに垂直な軸をもつ螺旋状の羽根車を回転させて，積算計量する構造である。

(4) 電磁式水道メーターは，給水管と同じ呼び径の直管で機械的可動部がないため耐久性に優れ，小流量から大流量まで広範囲な計測に適している。

【問題 52】 給水用具の故障と対策に関する次の記述のうち，不適当なものはどれか。

(1) 受水槽のボールタップからの補給水が止まらないので原因を調査した。その結果，ボールタップの弁座が損傷していたので，ボールタップのパッキンを取替えた。

(2) 大便器洗浄弁から常に大量の水が流出していたので原因を調査した。その結果，ピストンバルブの小孔が詰まっていたので，ピストンバルブを取り外して小孔を掃除した。

(3) 副弁付定水位弁から水が出ないので原因を調査した。その結果，ストレーナに異物が詰まっていたので，分解して清掃した。

(4) 水栓を開閉する際にウォーターハンマーが発生するので原因を調査した。その結果，水圧が高いことが原因であったので減圧弁を設置した。

【問題 53】 給水用具の故障の原因に関する次の記述のうち，不適当なものはどれか。

(1) ピストン式定水位弁から水が出ない場合，ピストンのＯリングが摩耗して作動しないことが一因と考えられる。

(2) ボールタップ付ロータンクに水が流入せず貯まらない場合，ストレーナーに異物が詰まっていることが一因と考えられる。

(3) 小便器洗浄弁から多量の水が流れ放しとなる場合，開閉ねじの開け過ぎが一因と考えられる。

(4) 大便器洗浄弁の吐水量が少ない場合，ピストンバルブのＵパッキンが摩耗していることが一因と考えられる。

(5) ダイヤフラム式ボールタップ付ロータンクが故障し，水が出ない場合，ボールタップのダイヤフラムの破損が一因と考えられる。

給水装置施工管理法

【問題 54】 給水装置工事の工程管理に関する次の記述の □ 内に入る語句の組み合わせのうち, 適当なものはどれか。

工程管理は, ア に定めた工期内に工事を完了するため, 事前準備の イ や水道事業者, 建設業者, 道路管理者, 警察署等との調整に基づき工程管理計画を作成し, これに沿って, 効率的かつ経済的に工事を進めて行くことである。

工程管理するための工程表には, ウ , ネットワーク等がある。

	ア	イ	ウ
(1)	工事標準仕様書	現地調査	出来形管理表
(2)	工事標準仕様書	材料手配	バーチャート
(3)	契約書	現地調査	出来形管理表
(4)	契約書	現地調査	バーチャート
(5)	契約書	材料手配	出来形管理表

【問題 55】 給水装置工事施工における品質管理項目に関する次の記述のうち, 不適当なものはどれか。

(1) 給水管及び給水用具が給水装置の構造及び材質の基準に関する省令の性能基準に適合したもので, かつ検査等により品質確認がされたものを使用する。

(2) サドル付分水栓の取付けボルト, 給水管及び給水用具の継手等で締付けトルクが設定されているものは, その締付け状況を確認する。

(3) 配水管への取付口の位置は, 他の給水装置の取付口と 30 cm 以上の離隔を保つ。

(4) サドル付分水栓を取付ける管が鋳鉄管の場合, 穿孔断面の腐食を防止する防食コアを装着する。

(5) 施工した給水装置の耐久試験を実施する。

【問題 56】 給水装置工事の工程管理に関する次の記述の □ 内に入る語句の組み合わせのうち, 適当なものはどれか。

工程管理は, 一般的に計画, 実施, │ ア │ に大別することができる。計画の段階では, 給水管の切断, 加工, 接合, 給水用具据え付けの順序と方法, 建築工事との日程調整, 機械器具及び工事用材料の手配, 技術者や配管技能者を含む │ イ │ を手配し準備する。工事は │ ウ │ の指導監督のもとで実施する。

	ア	イ	ウ
(1)	管 理	作業従事者	給水装置工事主任技術者
(2)	検 査	作業従事者	技能を有する者
(3)	管 理	作業主任者	給水装置工事主任技術者
(4)	検 査	作業主任者	給水装置工事主任技術者
(5)	管 理	作業主任者	技能を有する者

【問題 57】 給水装置工事の施工管理に関する次の記述のうち, 不適当なものはどれか。

(1) 施工計画書には, 現地調査, 水道事業者等との協議に基づき作業の責任を明確にした施工体制, 有資格者名簿, 施工方法, 品質管理項目及び方法, 安全対策, 緊急時の連絡体制と電話番号, 実施工程表等を記載する。

(2) 施工に当たっては, 施工計画書に基づき適正な施工管理を行う。具体的には, 施工計画に基づく工程, 作業時間, 作業手順, 交通規制等に沿って工事を施行し, 必要の都度工事目的物の品質確認を実施する。

(3) 常に工事の進捗状況について把握し, 施工計画時に作成した工程表と実績とを比較して工事の円滑な進行を図る。

(4) 配水管からの分岐以降水道メーターまでの工事は, 道路上での工事を伴うことから, 施工計画書を作成して適切に管理を行う必要があるが, 水道メーター以降の工事は, 宅地内での工事であることから, その限りではない。

(5) 施工計画書に品質管理項目と管理方法, 管理担当者を定め品質管理を実施するとともに, その結果を記録にとどめる他, 実施状況を写真撮影し, 工事記録としてとどめておく。

【問題 58】 給水装置工事における埋設物の安全管理に関する次の記述の正誤の組み合わせのうち, 適当なものはどれか。

ア 工事の施行に当たっては, 地下埋設物の有無を十分に調査するとともに, 近接する埋設物がある場合は, 道路管理者に立会いを求めその位置を確認し, 埋設物に損傷を与えないよう注意する。

イ 工事の施行に当たって掘削部分に各種埋設物が露出する場合には, 防護協定などを遵守して措置し, 当該埋設物管理者と協議の上で適切な表示を行う。

ウ 工事中, 予期せぬ地下埋設物が見つかり, その管理者がわからない場合は, 安易に不明埋設物として処理するのではなく, 関係機関に問い合わせるなど十分な調査を経て対応する。

エ 工事中, 火気に弱い埋設物又は可燃性物質の輸送管等の埋設物に接近する場合は, 溶接機, 切断機等火気を伴う機械器具を使用しない。ただし, やむを得ない場合は, 所管消防署と協議し, 保安上必要な措置を講じてから使用する。

	ア	イ	ウ	エ
(1)	誤	正	誤	正
(2)	正	誤	正	誤
(3)	誤	誤	正	正
(4)	正	正	誤	正
(5)	誤	正	正	誤

【問題 59】 次のア～エの記述のうち, 建設工事公衆災害に該当する組み合わせとして適当なものはどれか。

ア 水道管を毀損したため, 断水した。

イ 交通整理員が交通事故に巻き込まれ, 死亡した。

ウ 作業員が掘削溝に転落し, 負傷した。

エ 工事現場の仮舗装が陥没し, そこを通行した自転車が転倒して, 運転者が負傷した。

(1) アとエ

(2) イとエ

(3) イとウ

(4) アとウ

(5) ウとエ

【問題　60】　建設工事公衆災害防止対策要綱に関する次の記述のうち，不適当なものはどれか。

(1)　施工者は，歩行者通路とそれに接する車両の交通の用に供する部分との境及び歩行者用通路との境は，必要に応じて移動さくを間隔をあけないようにし，又は移動さくの間に安全ロープ等を張ってすき間のないよう措置しなければならない。

(2)　施工者は，道路上において又は道路に接して土木工事を夜間施行する場合には，道路上又は道路に接する部分に設置したさく等に沿って，高さ1m程度のもので夜間150m前方から視認できる光度を有する保安灯を設置しなければならない。

(3)　施工者は，工事を予告する道路標識，標示板等を，工事箇所の前方50mから500mの間の路側又は中央帯のうち視認しやすい箇所に設置しなければならない。

(4)　施工者は，道路を掘削した箇所を埋め戻したのち，仮舗装を行う際にやむをえない理由で段差が生じた場合は，10%以内の勾配ですりつけなければならない。

(5)　施工者は，歩行者用通路には，必要な標識等を掲げ，夜間には，適切な照明等を設けなければならない。また，歩行に危険のないよう段差や路面の凹凸をなくすとともに，滑りにくい状態を保ち，必要に応じてスロープ，手すり及び視覚障害者誘導用ブロック等を設けなければならない。

令 和 4 年 度
給水装置工事主任技術者試験

「学科試験 1」試験問題

次の注意事項を解答用紙と対比しながら声を出さずに読んで下さい。

1. 解答用紙の受験番号の確認

   解答用紙の所定欄に，あなたの受験番号が印刷してありますので，確認して下さい。記載内容に誤りがある場合は，手を上げて下さい。

2. 解答用紙への氏名及びフリガナの記入

   解答用紙の所定欄に，あなたの氏名を記入するとともに，フリガナをカタカナで記入して下さい。

3. 注意事項の表紙への受験番号及び氏名の記入

   この注意事項の表紙の所定欄に，あなたの受験番号及び氏名を記入して下さい。

4. 試験問題数及び解答時間

   学科試験1の試験問題数は40問で，解答時間は150分です。

5. 解答方法

(1) 解答方法はマークシート方式です。設問に適した答えを一つ選び，次の例にならって解答用紙にマーク（塗りつぶす）して下さい。

   なお，一つの試験問題で二つ以上マークすると誤りとなりますので注意して下さい。

〔例1〕四肢択一の問題

   問題1　次のうち，日本一高い山はどれか。

   (1)　阿蘇山　　　　(2)　浅間山

   (3)　富士山　　　　(4)　槍ヶ岳

   正解は(3)ですから，次のように解答用紙の③をマークして下さい。

問題番号	解 答 欄			
問題1	①	②	●	④

〔例2〕五肢択一の問題

   問題2　次のうち，日本一大きい湖はどれか。

(1)　霞ヶ浦　　　(2)　琵琶湖　　　(3)　サロマ湖

(4)　猪苗代湖　　(5)　宍道湖

正解は(2)ですから，次のように解答用紙の②をマークして下さい。

問題番号	解　答　欄
問題2	① ● ③ ④ ⑤

(2)　採点は機械によって行いますので，解答は HB の鉛筆を使用し，○の外にはみ出さないようにマークして下さい。ボールペンは使用しないで下さい。

なお，シャープペンシルを使用する場合は，なるべくしんの太いものを使用して下さい。

良い解答の例……●

悪い解答の例……Ⓦ Ⓥ ⊗ ⊖ ⊂ ⊙ ◑ ●

(3)　一度マークしたところを訂正する場合は，消しゴムで消し残りのないように完全に消して下さい。なお，砂消しゴムは，解答用紙を傷つけたり，よごす恐れがありますので使用してはいけません。

鉛筆の跡が残ったり，●のような消し方をした場合は，訂正したことにはなりませんので注意して下さい。

(4)　解答用紙は，折り曲げたり，チェックやメモ書きなどで汚したりしないように特に注意して下さい。

6.　その他の注意事項

(1)　試験問題の内容に関する質問には一切お答えしません。

(2)　解答用紙を持ち帰ることは認めません。

(3)　途中退室は試験開始45分後から試験終了15分前までの間は認めますが，その前後の途中退室は認めません。

(4)　途中退室する際には，着席したままで手を上げて下さい。

試験監督員があなたの解答用紙を回収し，退室の指示があるまで席を立たないで下さい。

(5)　一度退室すると試験終了後，指示があるまでは再入室を認めません。

(6)　試験終了後は，試験監督員が全員の解答用紙を回収し確認作業を行いますので，試験監督員の指示があるまで席を立たないで下さい。

(7)　試験問題は，試験終了後の持ち帰りは認めますが，途中退室する際の持ち出しは認めません。

途中退室された方が試験問題を必要とする場合は，試験終了後，再入室を許可する旨の指示を受けてから，再入室して自席のものをお持ち帰り下さい。許可するまでは再入室を認めません。

公衆衛生概論

【問題　1】　水道法において定義されている水道事業等に関する次の記述のうち，不適当なものはどれか。

(1)　水道事業とは，一般の需要に応じて，水道により水を供給する事業をいう。ただし，給水人口が 100 人以下である水道によるものを除く。

(2)　簡易水道事業とは，水道事業のうち，給水人口が 5,000 人以下の事業をいう。

(3)　水道用水供給事業とは，水道により，水道事業者に対してその用水を供給する事業をいう。

(4)　簡易専用水道とは，水道事業の用に供する水道及び専用水道以外の水道であって，水道事業から受ける水のみを水源とするもので，水道事業からの水を受けるために設けられる水槽の有効容量の合計が 100 m³ 以下のものを除く。

【問題　2】　水道水の水質基準に関する次の記述のうち，不適当なものはどれか。

(1)　味や臭気は，水質基準項目に含まれている。

(2)　一般細菌の基準値は，「検出されないこと」とされている。

(3)　総トリハロメタンとともに，トリハロメタン類のうち 4 物質について各々基準値が定められている。

(4)　水質基準は，最新の科学的知見に照らして改正される。

【問題　3】　塩素消毒及び残留塩素に関する次の記述のうち，不適当なものはどれか。

(1)　残留塩素には遊離残留塩素と結合残留塩素がある。消毒効果は結合残留塩素の方が強く，残留効果は遊離残留塩素の方が持続する。

(2)　遊離残留塩素には，次亜塩素酸と次亜塩素酸イオンがある。

(3)　水道水質基準に適合した水道水では，遊離残留塩素のうち，次亜塩素酸の存在比が高いほど，消毒効果が高い。

(4)　一般に水道で使用されている塩素系消毒剤としては，次亜塩素酸ナトリウム，液化塩素（液体塩素），次亜塩素酸カルシウム（高度さらし粉を含む）がある。

水道行政

【問題 4】 水道事業者等の水質管理に関する次の記述のうち，不適当なものはどれか。
  (1) 水道により供給される水が水質基準に適合しないおそれがある場合は臨時の検査を行う。
  (2) 水質検査に供する水の採取の場所は，給水栓を原則とし，水道施設の構造等を考慮して，当該水道により供給される水が水質基準に適合するかどうかを判断することができる場所を選定する。
  (3) 水道法施行規則に規定する衛生上必要な措置として，取水場，貯水池，導水渠，浄水場，配水池及びポンプ井は，常に清潔にし，水の汚染防止を充分にする。
  (4) 水質検査を行ったときは，これに関する記録を作成し，水質検査を行った日から起算して1年間，これを保存しなければならない。

【問題 5】 簡易専用水道の管理基準に関する次の記述のうち，不適当なものはどれか。
  (1) 有害物や汚水等によって水が汚染されるのを防止するため，水槽の点検等の必要な措置を講じる。
  (2) 設置者は，毎年1回以上定期に，その水道の管理について，地方公共団体の機関又は厚生労働大臣の登録を受けた者の検査を受けなければならない。
  (3) 供給する水が人の健康を害するおそれがあることを知ったときは，直ちに給水を停止し，かつ，その水を使用することが危険である旨を関係者に周知させる措置を講じる。
  (4) 給水栓により供給する水に異常を認めたときは，水道水質基準の全項目について水質検査を行わなければならない。

【問題 6】 指定給水装置工事事業者の 5 年ごとの更新時に，水道事業者が確認することが望ましい事項に関する次の記述の正誤の組み合わせのうち，適当なものはどれか。
ア 指定給水装置工事事業者の受注実績
イ 給水装置工事主任技術者等の研修会の受講状況
ウ 適切に作業を行うことができる技能を有する者の従事状況
エ 指定給水装置工事事業者の講習会の受講実績

	ア	イ	ウ	エ
(1)	正	正	正	正
(2)	正	誤	正	正
(3)	誤	誤	正	誤
(4)	誤	正	誤	誤
(5)	誤	正	正	正

【問題 7】 水道法に関する次の記述の正誤の組み合わせのうち，適当なものはどれか。
ア 国，都道府県及び市町村は水道の基盤の強化に関する施策を策定し，推進又は実施するよう努めなければならない。
イ 国は広域連携の推進を含む水道の基盤を強化するための基本方針を定め，都道府県は基本方針に基づき，水道基盤強化計画を定めなければならない。
ウ 水道事業者等は，水道施設を適切に管理するための水道施設台帳を作成し，保管しなければならない。
エ 指定給水装置工事事業者の 5 年ごとの更新制度が導入されたことに伴って，給水装置工事主任技術者も 5 年ごとに更新を受けなければならない。

	ア	イ	ウ	エ
(1)	正	誤	誤	正
(2)	正	正	誤	誤
(3)	誤	誤	正	正
(4)	正	誤	正	誤
(5)	誤	正	誤	正

【問題 8】 水道法第14条の供給規程が満たすべき要件に関する次の記述のうち，不適当なものはどれか。

(1) 水道事業者及び指定給水装置工事事業者の責任に関する事項並びに給水装置工事の費用の負担区分及びその額の算出方法が，適正かつ明確に定められていること。

(2) 料金が，能率的な経営の下における適正な原価に照らし，健全な経営を確保することができる公正妥当なものであること。

(3) 特定の者に対して不当な差別的取扱いをするものでないこと。

(4) 貯水槽水道が設置される場合においては，貯水槽水道に関し，水道事業者及び当該貯水槽水道の設置者の責任に関する事項が，適正かつ明確に定められていること。

【問題 9】 水道施設運営権に関する次の記述のうち，不適当なものはどれか。

(1) 地方公共団体である水道事業者は，民間資金等の活用による公共施設等の整備等の促進に関する法律（以下本問においては「民間資金法」という。）の規定により，水道施設運営等事業に係る公共施設等運営権を設定しようとするときは，あらかじめ，都道府県知事の許可を受けなければならない。

(2) 水道施設運営等事業は，地方公共団体である水道事業者が民間資金法の規定により水道施設運営権を設定した場合に限り，実施することができる。

(3) 水道施設運営権を有する者が，水道施設運営等事業を実施する場合には，水道事業経営の認可を受けることを要しない。

(4) 水道施設運営権を有する者は，水道施設運営等事業について技術上の業務を担当させるため，水道施設運営等事業技術管理者を置かなければならない。

給水装置工事法

【問題　10】　水道法施行規則第36条の指定給水装置工事事業者の事業の運営に関する次の記述の　　　　内に入る語句の組み合わせのうち，<u>適当なものはどれか</u>。

　　水道法施行規則第36条第1項第2号に規定する「適切に作業を行うことができる技能を有する者」とは，配水管への分水栓の取付け，配水管の穿孔，給水管の接合等の配水管から給水管を分岐する工事に係る作業及び当該分岐部から　ア　までの配管工事に係る作業について，配水管その他の地下埋設物に変形，破損その他の異常を生じさせることがないよう，適切な　イ　，　ウ　，地下埋設物の　エ　の方法を選択し，正確な作業を実施することができる者をいう。

	ア	イ	ウ	エ
(1)	水道メーター	給水用具	工程	移設
(2)	宅 地 内	給水用具	工程	防護
(3)	水道メーター	資機材	工法	防護
(4)	止 水 栓	資機材	工法	移設
(5)	宅 地 内	給水用具	工法	移設

【問題　11】　給水管の取出しに関する次の記述の正誤の組み合わせのうち，<u>適当なものはどれか</u>。

ア　配水管を断水してT字管，チーズ等により給水管を取り出す場合は，断水に伴う需要者への広報等に時間を要するので，充分に余裕を持って水道事業者と協議し，断水作業，通水作業等の作業時間，雨天時の対応等を確認する。

イ　ダクタイル鋳鉄管の分岐穿孔に使用するサドル付分水栓用ドリルは，エポキシ樹脂粉体塗装の場合とモルタルライニング管の場合とでは，形状が異なる。

ウ　ダクタイル鋳鉄管のサドル付分水栓等による穿孔箇所には，穿孔部のさびこぶ発生防止のため，水道事業者が指定する防食コアを装着する。

エ　不断水分岐作業の場合には，分岐作業終了後に充分に排水すれば，水質確認を行わなくてもよい。

	ア	イ	ウ	エ
(1)	正	正	正	誤
(2)	誤	誤	正	誤
(3)	誤	正	誤	正
(4)	正	正	誤	正
(5)	正	正	誤	誤

【問題 12】 配水管からの分岐穿孔に関する次の記述のうち,**不適当なもの**はどれか。

(1) 割T字管は,配水管の管軸頂部にその中心線がくるように取り付け,給水管の取出し方向及び割T字管が管軸方向から見て傾きがないか確認する。

(2) ダクタイル鋳鉄管からの分岐穿孔の場合,割T字管の取り付け後,分岐部に水圧試験用治具を取り付けて加圧し,水圧試験を行う。負荷水圧は,常用圧力+0.5 MPa以下とし,最大1.25 MPaとする。

(3) 割T字管を用いたダクタイル鋳鉄管からの分岐穿孔の場合,穿孔はストローク管理を確実に行う。また,穿孔中はハンドルの回転が重く感じ,センタードリルの穿孔が終了するとハンドルの回転は軽くなる。

(4) 割T字管を用いたダクタイル鋳鉄管からの分岐穿孔の場合,防食コアを穿孔した孔にセットしたら,拡張ナットをラチェットスパナで締め付ける。規定量締付け後,拡張ナットを緩める。

(5) ダクタイル鋳鉄管に装着する防食コアの挿入機及び防食コアは,製造者及び機種等により取扱いが異なるので,必ず取扱説明書を読んで器具を使用する。

【問題 13】 給水管の明示に関する次の記述の正誤の組み合わせのうち,**適当なもの**はどれか。

ア 道路管理者と水道事業者等道路地下占用者の間で協議した結果に基づき,占用物埋設工事の際に埋設物頂部と路面の間に折り込み構造の明示シートを設置している場合がある。

イ 道路部分に布設する口径75 mm以上の給水管には,明示テープ等により管を明示しなければならない。

ウ 道路部分に給水管を埋設する際に設置する明示シートは,水道事業者の指示により,指定された仕様のものを任意の位置に設置する。

エ 明示テープの色は,水道管は青色,ガス管は緑色,下水道管は茶色とされている。

	ア	イ	ウ	エ
(1)	正	誤	正	正
(2)	誤	正	誤	正
(3)	正	正	誤	正
(4)	正	誤	正	誤
(5)	誤	正	正	誤

【問題　14】　水道メーターの設置に関する次の記述のうち，不適当なものはどれか。

(1)　メーターますは，水道メーターの呼び径が 50 mm 以上の場合はコンクリートブロック，現場打ちコンクリート，金属製等で，上部に鉄蓋を設置した構造とするのが一般的である。

(2)　水道メーターの設置は，原則として道路境界線に最も近接した宅地内で，メーターの計量及び取替え作業が容易であり，かつ，メーターの損傷，凍結等のおそれがない位置とする。

(3)　水道メーターの設置に当たっては，メーターに表示されている流水方向の矢印を確認した上で水平に取り付ける。

(4)　集合住宅の配管スペース内の水道メーター回りは弁栓類，継手が多く，漏水が発生しやすいため，万一漏水した場合でも，居室側に浸水しないよう，防水仕上げ，水抜き等を考慮する必要がある。

(5)　集合住宅等の複数戸に直結増圧式等で給水する建物の親メーターにおいては，ウォーターハンマーを回避するため，メーターバイパスユニットを設置する方法がある。

【問題　15】　スプリンクラーに関する次の記述の正誤の組み合わせのうち，適当なものはどれか。

ア　消防法の適用を受ける水道直結式スプリンクラー設備の設置に当たり，分岐する配水管からスプリンクラーヘッドまでの水理計算及び給水管，給水用具の選定は，給水装置工事主任技術者が行う。

イ　消防法の適用を受けない住宅用スプリンクラーは，停滞水が生じないよう日常生活において常時使用する水洗便器や台所水栓等の末端給水栓までの配管途中に設置する。

ウ　消防法の適用を受ける乾式配管方式の水道直結式スプリンクラー設備は，消火時の水量をできるだけ多くするため，給水管分岐部と電動弁との間を長くすることが望ましい。

エ　平成 19 年の消防法改正により，一定規模以上のグループホーム等の小規模社会福祉施設にスプリンクラーの設置が義務付けられた。

	ア	イ	ウ	エ
(1)	正	誤	正	誤
(2)	誤	正	誤	正
(3)	正	正	誤	正
(4)	正	誤	誤	正
(5)	誤	正	正	誤

【問題　16】　給水装置の構造及び材質の基準に関する省令に関する次の記述のうち，不適当なものはどれか。

(1)　給水装置の接合箇所は，水圧に対する充分な耐力を確保するためその構造及び材質に応じた適切な接合が行われたものでなければならない。

(2)　弁類（耐寒性能基準に規定するものを除く。）は，耐久性能基準に適合したものを用いる。

(3)　給水管及び給水用具は，最終の止水機構の流出側に設置される給水用具を含め，耐圧性能基準に適合したものを用いる。

(4)　配管工事に当たっては，管種，使用する継手，施工環境及び施工技術等を考慮し，最も適当と考えられる接合方法及び工具を用いる。

【問題　17】　給水管の配管工事に関する次の記述のうち，不適当なものはどれか。

(1)　水圧，水撃作用等により給水管が離脱するおそれのある場所には，適切な離脱防止のための措置を講じる。

(2)　宅地内の主配管は，家屋の基礎の外回りに布設することを原則とし，スペースなどの問題でやむを得ず構造物の下を通過させる場合は，さや管を設置しその中に配管する。

(3)　配管工事に当たっては，漏水によるサンドブラスト現象などにより他企業埋設物への損傷を防止するため，他の埋設物との離隔は原則として 30 cm 以上確保する。

(4)　地階あるいは 2 階以上に配管する場合は，原則として階ごとに止水栓を設置する。

(5)　給水管を施工上やむを得ず曲げ加工して配管する場合，曲げ配管が可能な材料としては，ライニング鋼管，銅管，ポリエチレン二層管がある。

【問題　18】　給水管及び給水用具の選定に関する次の記述の　　　　内に入る語句の組み合わせのうち，<u>適当なもの</u>はどれか。

　給水管及び給水用具は，配管場所の施工条件や設置環境，将来の維持管理等を考慮して選定する。

　配水管の取付口から　ア　までの使用材料等については，地震対策並びに漏水時及び災害時等の　イ　を円滑かつ効率的に行う観点から，　ウ　が指定している場合が多いので確認する。

	ア	イ	ウ
(1)	水道メーター	応急給水	厚生労働省
(2)	止水栓	緊急工事	厚生労働省
(3)	止水栓	応急給水	水道事業者
(4)	水道メーター	緊急工事	水道事業者

【問題　19】　各種の水道管の継手及び接合方法に関する次の記述のうち，<u>不適当なものはどれか</u>。

(1)　ステンレス鋼鋼管のプレス式継手による接合は，専用締付け工具を使用するもので，短時間に接合ができ，高度な技術を必要としない方法である。

(2)　ダクタイル鋳鉄管の NS 形及び GX 形継手は，大きな伸縮余裕，曲げ余裕をとっているため，管体に無理な力がかかることなく継手の動きで地盤の変動に適応することができる。

(3)　水道給水用ポリエチレン管の EF 継手による接合は,融着作業中の EF 接続部に水が付着しないように，ポンプによる充分な排水を行う。

(4)　硬質塩化ビニルライニング鋼管のねじ接合において，管の切断はパイプカッター，チップソーカッター，ガス切断等を使用して，管軸に対して直角に切断する。

(5)　銅管の接合には継手を使用するが，25 mm 以下の給水管の直管部は，胴接ぎとすることができる。

給水装置の構造及び性能

【問題　20】　給水装置に関わる規定に関する次の記述のうち,不適当なものはどれか。
(1)　給水装置が水道法に定める給水装置の構造及び材質の基準に適合しない場合,水道事業者は供給規程の定めるところにより,給水契約の申し込みの拒否又は給水停止ができる。
(2)　水道事業者は,給水区域において給水装置工事を適正に施行することができる者を指定できる。
(3)　水道事業者は,使用中の給水装置について,随時現場立ち入り検査を行うことができる。
(4)　水道技術管理者は,給水装置工事終了後,水道技術管理者本人又はその者の監督の下,給水装置の構造及び材質の基準に適合しているか否かの検査を実施しなければならない。

【問題　21】　以下の給水用具のうち,通常の使用状態において,浸出性能基準の適用対象外となるものの組み合わせとして,適当なものはどれか。
ア　食器洗い機　　　　　　　　　ウ　冷水機
イ　受水槽用ボールタップ　　　　エ　散水栓
(1)　ア,イ　　　　　(4)　イ,ウ
(2)　ア,ウ　　　　　(5)　イ,エ
(3)　ア,エ

【問題 22】 給水装置の負圧破壊性能基準に関する次の記述の正誤の組み合わせのうち，適当なものはどれか。

ア 水受け部と吐水口が一体の構造であり，かつ水受け部の越流面と吐水口の間が分離されていることにより水の逆流を防止する構造の給水用具は，負圧破壊性能試験により流入側からマイナス 20 kPa の圧力を加えたとき，吐水口から水を引き込まないこととされている。

イ バキュームブレーカとは，器具単独で販売され，水受け容器からの取付け高さが施工時に変更可能なものをいう。

ウ バキュームブレーカは，負圧破壊性能試験により流入側からマイナス 20 kPa の圧力を加えたとき，バキュームブレーカに接続した透明管内の水位の上昇が 75 mm を超えないこととされている。

エ 負圧破壊装置を内部に備えた給水用具とは，製品の仕様として負圧破壊装置の位置が施工時に変更可能なものをいう。

	ア	イ	ウ	エ
(1)	誤	正	誤	正
(2)	誤	正	誤	誤
(3)	誤	誤	誤	正
(4)	正	誤	正	誤
(5)	正	誤	正	正

【問題 23】 給水装置の耐久性能基準に関する次の記述の正誤の組み合わせのうち，適当なものはどれか。

ア 耐久性能基準は，頻繁に作動を繰り返すうちに弁類が故障し，その結果，給水装置の耐圧性，逆流防止等に支障が生じることを防止するためのものである。

イ 耐久性能基準は，制御弁類のうち機械的・自動的に頻繁に作動し，かつ通常消費者が自らの意思で選択し，又は設置・交換しないような弁類に適用される。

ウ 耐久性能試験において，弁類の開閉回数は 10 万回とされている。

エ 耐久性能基準の適用対象は，弁類単体として製造・販売され，施工時に取り付けられるものに限られている。

	ア	イ	ウ	エ
(1)	正	正	正	誤
(2)	正	誤	正	正
(3)	誤	正	正	正
(4)	正	正	誤	正
(5)	正	正	正	正

【問題 24】 水道水の汚染防止に関する次の記述のうち，<u>不適当なものはどれか</u>。

(1) 末端部が行き止まりとなる給水装置は，停滞水が生じ，水質が悪化するおそれがあるため極力避ける。やむを得ず行き止まり管となる場合は，末端部に排水機構を設置する。

(2) 合成樹脂管をガソリンスタンド，自動車整備工場等に埋設配管する場合は，油分などの浸透を防止するため，さや管などにより適切な防護措置を施す。

(3) 一時的，季節的に使用されない給水装置には，給水管内に長期間水の停滞を生じることがあるため，適量の水を適時飲用以外で使用することにより，その水の衛生性を確保する。

(4) 給水管路に近接してシアン，六価クロム等の有毒薬品置場，有害物の取扱場，汚水槽等の汚染源がある場合は，給水管をさや管などにより適切に保護する。

(5) 洗浄弁，洗浄装置付便座，ロータンク用ボールタップは，浸出性能基準の適用対象外の給水用具である。

【問題 25】 水撃作用の防止に関する次の記述の正誤の組み合わせのうち，<u>適当なものはどれか</u>。

ア 水撃作用が発生するおそれのある箇所には，その直後に水撃防止器具を設置する。

イ 水栓，電磁弁，元止め式瞬間湯沸器は作動状況によっては，水撃作用が生じるおそれがある。

ウ 空気が抜けにくい鳥居配管がある管路は水撃作用が発生するおそれがある。

エ 給水管の水圧が高い場合は，減圧弁，定流量弁等を設置し，給水圧又は流速を下げる。

	ア	イ	ウ	エ
(1)	誤	正	正	正
(2)	正	誤	正	誤
(3)	正	正	誤	正
(4)	誤	正	正	誤
(5)	誤	正	誤	正

【問題　26】　クロスコネクションに関する次の記述の正誤の組み合わせのうち，<u>適当なものはどれか</u>。

ア　給水管と井戸水配管を直接連結する場合，両管の間に逆止弁を設置し，逆流防止の措置を講じる必要がある。

イ　給水装置と受水槽以下の配管との接続はクロスコネクションではない。

ウ　クロスコネクションは，水圧状況によって給水装置内に工業用水，排水，ガス等が逆流するとともに，配水管を経由して他の需要者にまでその汚染が拡大する非常に危険な配管である。

エ　一時的な仮設であっても，給水装置とそれ以外の水管を直接連結してはならない。

	ア	イ	ウ	エ
(1)	誤	誤	正	正
(2)	誤	正	正	正
(3)	正	誤	正	誤
(4)	誤	誤	正	誤
(5)	正	誤	誤	誤

【問題　27】　呼び径 20 mm の給水管から水受け容器に給水する場合，逆流防止のために確保しなければならない吐水口空間について，下図に示す水平距離（A，B）と垂直距離（C，D）の組み合わせのうち，<u>適当なものはどれか</u>。

(1)　A，C

(2)　A，D

(3)　B，C

(4)　B，D

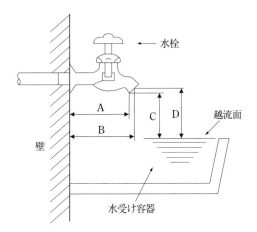

【問題　28】　給水装置の寒冷地対策に用いる水抜き用給水用具の設置に関する次の記述のうち，**不適当なものはどれか。**

(1)　水道メーター下流側で屋内立上り管の間に設置する。

(2)　排水口は，凍結深度より深くする。

(3)　水抜き用の給水用具以降の配管は，できるだけ鳥居配管やU字形の配管を避ける。

(4)　排水口は，管内水の排水を容易にするため，直接汚水ます等に接続する。

(5)　水抜き用の給水用具以降の配管が長い場合には，取り外し可能なユニオン，フランジ等を適切な箇所に設置する。

【問題　29】　給水装置の逆流防止のために圧力式バキュームブレーカを図のように設置する場合，バキュームブレーカの下端から確保しなければならない区間とその距離との組み合わせのうち，**適当なものはどれか。**

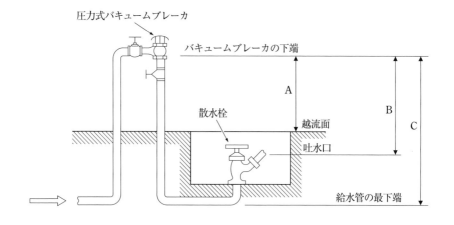

	〔確保しなければならない区間〕	〔確保しなければならない距離〕
(1)	A	100 mm 以上
(2)	A	150 mm 以上
(3)	B	150 mm 以上
(4)	B	200 mm 以上
(5)	C	200 mm 以上

給水装置計画論

【問題 30】 給水方式に関する次の記述の正誤の組み合わせのうち，適当なものはどれか。

ア 受水槽式は，配水管の水圧が変動しても受水槽以下の設備は給水圧，給水量を一定の変動幅に保持できる。

イ 圧力水槽式は，小規摸の中層建物に多く使用されている方式で，受水槽を設置せずに，ポンプで圧力水槽に貯え，その内部圧力によって給水する方式である。

ウ 高置水槽式は，一つの高置水槽から適切な水圧で給水できる高さの範囲は10階程度なので，それを超える高層建物では高置水槽や減圧弁をその高さに応じて多段に設置する必要がある。

エ 直結増圧式は，給水管の途中に直結加圧形ポンプユニットを設置し，圧力を増して直結給水する方法である。

	ア	イ	ウ	エ
(1)	正	正	誤	誤
(2)	正	誤	正	正
(3)	誤	誤	正	誤
(4)	誤	正	誤	正
(5)	正	正	正	誤

【問題 31】 受水槽式の給水方式に関する次の記述の正誤の組み合わせのうち，<u>適当</u><u>なものはどれか</u>。

ア 配水管の水圧低下を引き起こすおそれのある施設等への給水は受水槽式とする。

イ 有毒薬品を使用する工場等事業活動に伴い，水を汚染するおそれのある場所，施設等への給水は受水槽式とする。

ウ 病院や行政機関の庁舎等において，災害時や配水施設の事故等による水道の断減水時にも給水の確保が必要な場合の給水は受水槽式とする。

エ 受水槽は，定期的な点検や清掃が必要である。

	ア	イ	ウ	エ
(1)	正	正	誤	正
(2)	誤	正	正	正
(3)	正	正	正	誤
(4)	正	誤	正	正
(5)	正	正	正	正

【問題 32】 給水装置工事の基本調査に関する次の記述の正誤の組み合わせのうち，<u>適当なものはどれか</u>。

ア 基本調査は，計画・施工の基礎となるものであり，調査の結果は計画の策定，施工，さらには給水装置の機能にも影響する重要な作業である。

イ 水道事業者への調査項目は，既設給水装置の有無，屋外配管，供給条件，配水管の布設状況などがある。

ウ 現地調査確認作業は，道路管理者への埋設物及び道路状況の調査や，所轄警察署への現場施工環境の確認が含まれる。

エ 工事申込者への調査項目は，工事場所，使用水量，既設給水装置の有無，工事に関する同意承諾の取得確認などがある。

	ア	イ	ウ	エ
(1)	正	誤	誤	正
(2)	誤	正	誤	正
(3)	正	誤	正	正
(4)	正	正	誤	正
(5)	誤	正	正	誤

【問題 33】 計画使用水量に関する次の記述の正誤の組み合わせのうち，適当なものはどれか。

ア　計画使用水量は，給水管口径等の給水装置系統の主要諸元を計画する際の基礎となるものであり，建物の用途及び水の使用用途，使用人数，給水栓の数等を考慮した上で決定する。

イ　直結増圧式給水を行うに当たっては，1日当たりの計画使用水量を適正に設定することが，適切な配管口径の決定及び直結加圧形ポンプユニットの適正容量の決定に不可欠である。

ウ　受水槽式給水における受水槽への給水量は，受水槽の容量と使用水量の時間的変化を考慮して定める。

エ　同時使用水量とは，給水装置に設置されている末端給水用具のうち，いくつかの末端給水用具を同時に使用することによってその給水装置を流れる水量をいう。

	ア	イ	ウ	エ
(1)	正	誤	正	誤
(2)	誤	正	誤	正
(3)	正	誤	誤	正
(4)	正	誤	正	正
(5)	誤	正	誤	誤

【問題　34】　図－1に示す事務所ビル全体（6事務所）の同時使用水量を給水用具給水負荷単位により算定した場合，次のうち，適当なものはどれか。

　ここで，6つの事務所には，それぞれ大便器（洗浄弁），小便器（洗浄弁），洗面器，事務室用流し，掃除用流しが1栓ずつ設置されているものとし，各給水用具の給水負荷単位及び同時使用水量との関係は，表－1及び図－2を用いるものとする。

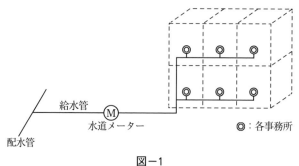

給水管

Ⓜ

水道メーター

配水管

◎：各事務所

図－1

(1)　　約 60 L/min

(2)　約 150 L/min

(3)　約 200 L/min

(4)　約 250 L/min

(5)　約 300 L/min

表－1　給水用具給水負荷単位

器具名	水栓	器具給水負荷単位
大　　便　　器	洗浄弁	10
小　　便　　器	洗浄弁	5
洗　　面　　器	給水栓	2
事務室用流し	給水栓	3
掃 除 用 流 し	給水栓	4

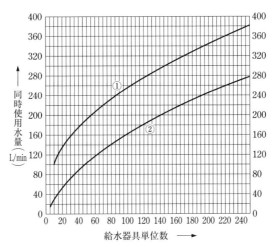

（注）　この図の曲線①は大便器洗浄弁の多い場合、曲線②は大便器洗浄タンク（ロータンク便器等）の多い場合に用いる。

図−2　給水用具給水負荷単位による同時使用水量

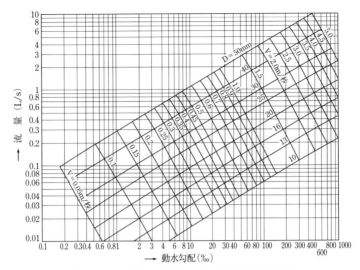

図-2　ウエストン公式による給水管の流量図

給水装置工事事務論

【問題　36】　給水装置の構造及び材質の基準（以下本問においては「構造材質基準」という。）に関する次の記述のうち，<u>不適当なものはどれか。</u>

(1)　厚生労働省令に定められている「構造材質基準を適用するために必要な技術的細目」のうち，個々の給水管及び給水用具が満たすべき性能及びその定量的な判断基準（以下本問においては「性能基準」という。）は４項目の基準からなっている。

(2)　構造材質基準適合品であることを証明する方法は，製造者等が自らの責任で証明する「自己認証」と第三者機関に依頼して証明する「第三者認証」がある。

(3)　JISマークの表示は，国の登録を受けた民間の第三者機関がJIS適合試験を行い，適合した製品にマークの表示を認める制度である。

(4)　厚生労働省では製品ごとの性能基準への適合性に関する情報が，全国的に利用できるよう，給水装置データベースを構築している。

【問題　37】　個々の給水管及び給水用具が満たすべき性能及びその定量的な判断基準（以下本問においては「性能基準」という。）に関する次の記述のうち，<u>不適当なものはどれか。</u>

(1)　給水装置の構造及び材質の基準（以下本問においては「構造材質基準」という。）に関する省令は，性能基準及び給水装置工事が適正に施行された給水装置であるか否かの判断基準を明確化したものである。

(2)　給水装置に使用する給水管で，構造材質基準に関する省令を包含する日本産業規格（JIS規格）や日本水道協会規格（JWWA規格）等の団体規格に適合した製品も使用可能である。

(3)　第三者認証を行う機関の要件及び業務実施方法については，国際整合化等の観点から，ISOのガイドラインに準拠したものであることが望ましい。

(4)　第三者認証を行う機関は，製品サンプル試験を行い，性能基準に適しているか否かを判定するとともに，基準適合製品が安定・継続して製造されているか否か等の検査を行って基準適合性を認証した上で，当該認証機関の認証マークを製品に表示することを認めている。

(5)　自己認証においては，給水管，給水用具の製造業者が自ら得たデータや作成した資料等に基づいて，性能基準適合品であることを証明しなければならない。

【問題　38】　給水装置工事における給水装置工事主任技術者（以下本問においては「主任技術者」という。）の職務に関する次の記述の正誤の組み合わせのうち，適当なものはどれか。

ア　主任技術者は，公道下の配管工事について工事の時期，時間帯，工事方法等について，あらかじめ水道事業者から確認を受けることが必要である。

イ　主任技術者は，施主から工事に使用する給水管や給水用具を指定された場合，それらが給水装置の構造及び材質の基準に関する省令に適合していない場合でも，現場の状況に合ったものを使用することができる。

ウ　主任技術者は，工事に当たり施工後では確認することが難しい工事目的物の品質を，施工の過程においてチェックする品質管理を行う必要がある。

エ　主任技術者は，工事従事者の健康状態を管理し，水系感染症に注意して，どのような給水装置工事においても水道水を汚染しないよう管理する。

	ア	イ	ウ	エ
(1)	誤	正	誤	正
(2)	正	誤	誤	正
(3)	正	誤	正	正
(4)	誤	誤	正	誤

【問題　39】　給水装置工事の記録，保存に関する次の記述のうち，適当なものはどれか。

(1)　給水装置工事主任技術者は，給水装置工事を施行する際に生じた技術的な問題点等について，整理して記録にとどめ，以後の工事に活用していくことが望ましい。

(2)　指定給水装置工事事業者は，給水装置工事の記録として，施主の氏名又は名称，施行の場所，竣工図等の記録を作成し，5年間保存しなければならない。

(3)　給水装置工事の記録作成は，指名された給水装置工事主任技術者が作成するが，いかなる場合でも他の従業員が行ってはいけない。

(4)　給水装置工事の記録については，水道法施行規則に定められた様式に従い作成しなければならない。

【問題 40】 建設業法に関する次の記述のうち，<u>不適当なもの</u>はどれか。

(1) 建設業を営む場合には，建設業の許可が必要であり，許可要件として，建設業を営もうとするすべての営業所ごとに，一定の資格又は実務経験を持つ専任の技術者を置かなければならない。

(2) 建設業を営もうとする者のうち，2 以上の都道府県の区域内に営業所を設けて営業をしようとする者は，本店のある管轄の都道府県知事の許可を受けなければならない。

(3) 建設業法第 26 条第 1 項に規定する主任技術者及び同条第 2 項に規定する監理技術者は，同法に基づき，工事を適正に実施するため，工事の施工計画の作成，工程管理，品質管理，その他の技術上の管理や工事の施工に従事する者の技術上の指導監督を行う者である。

(4) 工事 1 件の請負代金の額が建築一式工事にあっては 1,500 万円に満たない工事又は延べ面積が 150 m² に満たない木造住宅工事，建築一式工事以外の建設工事にあっては 500 万円未満の軽微な工事のみを請け負うことを営業とする者は，建設業の許可は必要がない。

「学科試験 2」 試験問題

次の注意事項を解答用紙と対比しながら声を出さずに読んで下さい。

1. 解答用紙の受験番号の確認

    解答用紙の所定欄に，あなたの受験番号が印刷してありますので，確認して下さい。記載内容に誤りがある場合は，手を上げて下さい。

2. 解答用紙への氏名及びフリガナの記入

    解答用紙の所定欄に，あなたの氏名を記入するとともに，フリガナをカタカナで記入して下さい。

3. 注意事項の表紙への受験番号及び氏名の記入

    この注意事項の表紙の所定欄に，あなたの受験番号及び氏名を記入して下さい。

4. 試験問題数及び解答時間

    学科試験 2 の試験問題数は 20 問で，解答時間は 60 分です。

5. 解答方法

⑴ 解答方法はマークシート方式です。設問に適した答えを一つ選び，次の例にならって解答用紙にマーク（塗りつぶす）して下さい。

    なお，一つの試験問題で二つ以上マークすると誤りとなりますので注意して下さい。

〔例 1〕四肢択一の問題

    問題 1 次のうち，日本一高い山はどれか。

    ⑴ 阿蘇山

    ⑵ 浅間山

    ⑶ 富士山

    ⑷ 槍ヶ岳

    正解は⑶ですから，次のように解答用紙の③をマークして下さい。

問題番号	解 答 欄			
問題 1	①	②	●	④

〔例 2〕五肢択一の問題

    問題 2 次のうち，日本一大きい湖はどれか。

    ⑴ 霞ヶ浦

    ⑵ 琵琶湖

    ⑶ サロマ湖

    ⑷ 猪苗代湖

⑸　宍道湖

正解は⑵ですから，次のように解答用紙の②をマークして下さい。

問題番号	解　答　欄				
問題2	①	●	③	④	⑤

⑵　採点は機械によって行いますので，解答は HB の鉛筆を使用し，○の外にはみ出さないようにマークして下さい。ボールペンは使用しないで下さい。

なお，シャープペンシルを使用する場合は，なるべくしんの太いものを使用して下さい。

良い解答の例……●

悪い解答の例……Ⓦ Ⓥ ⊗ ⊖ ⊙ ⊙ ◑ ●

⑶　一度マークしたところを訂正する場合は，消しゴムで消し残りのないように完全に消して下さい。なお，砂消しゴムは，解答用紙を傷つけたり，よごす恐れがありますので使用してはいけません。

鉛筆の跡が残ったり，⬛のような消し方をした場合は，訂正したことにはなりませんので注意して下さい。

⑷　解答用紙は，折り曲げたり，チェックやメモ書きなどで汚したりしないように特に注意して下さい。

6．その他の注意事項

⑴　試験問題の内容に関する質問には一切お答えしません。

⑵　解答用紙を持ち帰ることは認めません。

⑶　途中退室は試験開始 45 分後から試験終了 15 分前までの間は認めますが，その前後の途中退室は認めません。

⑷　途中退室する際には，着席したままで手を上げて下さい。

試験監督員があなたの解答用紙を回収し，退室の指示があるまで席を立たないで下さい。

⑸　一度退室すると試験終了後，指示があるまでは再入室を認めません。

⑹　試験終了後は，試験監督員が全員の解答用紙を回収し確認作業を行いますので，試験監督員の指示があるまで席を立たないで下さい。

⑺　試験問題は，試験終了後の持ち帰りは認めますが，途中退室する際の持ち出しは認めません。

途中退室された方が試験問題を必要とする場合は，試験終了後，再入室を許可する旨の指示を受けてから，再入室して自席のものをお持ち帰り下さい。許可するまでは再入室を認めません。

給水装置の概要

【問題　41】　給水用具に関する次の記述の正誤の組み合わせのうち，適当なものはどれか。

ア　単水栓は，給水の開始，中止及び給水装置の修理その他の目的で給水を制限又は停水するために使用する給水用具である。

イ　甲形止水栓は，流水抵抗によって，こまパッキンが摩耗して止水できなくなるおそれがある。

ウ　ボールタップは，浮玉の上下によって自動的に弁を開閉する構造になっており，水洗便器のロータンクや受水槽の水を一定量貯める給水用具である。

エ　ダイヤフラム式ボールタップは，圧力室内部の圧力変化を利用しダイヤフラムを動かすことにより吐水，止水を行うもので，給水圧力による止水位の変動が大きい。

	ア	イ	ウ	エ
(1)	誤	正	正	誤
(2)	正	誤	誤	正
(3)	正	誤	正	誤
(4)	誤	誤	正	正
(5)	誤	正	誤	正

【問題　42】　給水用具に関する次の記述のうち，不適当なものはどれか。

(1)　各種分水栓は，分岐可能な配水管や給水管から不断水で給水管を取り出すための給水用具で，分水栓の他，サドル付分水栓，割T字管がある。

(2)　仕切弁は，弁体が鉛直方向に上下し，全開・全閉する構造であり，全開時の損失水頭は小さい。

(3)　玉形弁は，止水部が吊りこま構造であり，弁部の構造から流れがS字形となるため損失水頭が小さい。

(4)　給水栓は，給水装置において給水管の末端に取り付けられ，弁の開閉により流量又は湯水の温度の調整等を行う給水用具である。

【問題 43】 給水用具に関する次の記述のうち，不適当なものはどれか。

(1) 減圧弁は，水圧が設定圧力よりも上昇すると，給水用具を保護するために弁体が自動的に開いて過剰圧力を逃し，圧力が所定の値に降下すると閉じる機能を持った給水用具である。

(2) 空気弁は，管頂部に設置し，管内に停滞した空気を自動的に排出する機能を持った給水用具である。

(3) 定流量弁は，オリフィス，ばね式等による流量調整機構によって，一次側の圧力に関わらず流量が一定になるよう調整する給水用具である。

(4) 圧力式バキュームブレーカは，給水・給湯系統のサイホン現象による逆流を防止するために，負圧部分へ自動的に空気を導入する機能を持ち，常時水圧は掛かるが逆圧の掛からない配管部分に設置する。

【問題 44】 給水用具に関する次の記述の ☐ 内に入る語句の組み合わせのうち，適当なものはどれか。

① ア は，個々に独立して作動する第1逆止弁と第2逆止弁が組み込まれている。各逆止弁はテストコックによって，個々に性能チェックを行うことができる。

② イ は，一次側の流水圧で逆止弁体を押し上げて通水し，停水又は逆圧時は逆止弁体が自重と逆圧で弁座を閉じる構造の逆止弁である。

③ ウ は，独立して作動する第1逆止弁と第2逆止弁との間に一次側との差圧で作動する逃し弁を備えた中間室からなり，逆止弁が正常に作動しない場合，逃し弁が開いて排水し，空気層を形成することによって逆流を防止する構造の逆流防止器である。

④ エ は，弁体がヒンジピンを支点として自重で弁座面に圧着し，通水時に弁体が押し開かれ，逆圧によって自動的に閉止する構造の逆止弁である。

	ア	イ	ウ	エ
(1)	複式逆止弁	リフト式逆止弁	中間室大気開放型逆流防止器	スイング式逆止弁
(2)	二重式逆流防止器	自重式逆止弁	減圧式逆流防止器	スイング式逆止弁
(3)	複式逆止弁	自重式逆止弁	減圧式逆流防止器	単式逆止弁
(4)	二重式逆流防止器	リフト式逆止弁	中間室大気開放型逆流防止器	単式逆止弁
(5)	二重式逆流防止器	自重式逆止弁	中間室大気開放型逆流防止器	単式逆止弁

【問題　45】　給水用具に関する次の記述のうち，<u>不適当なもの</u>はどれか。

(1)　逆止弁付メーターパッキンは，配管接合部をシールするメーター用パッキンにスプリング式の逆流防止弁を兼ね備えた構造である。逆流防止機能が必要な既設配管の内部に新たに設置することができる。

(2)　小便器洗浄弁は，センサーで感知し自動的に水を吐出させる自動式とボタン等を操作し水を吐出させる手動式の2種類あり，手動式にはニードル式，ダイヤフラム式の2つのタイプの弁構造がある。

(3)　湯水混合水栓は，湯水を混合して1つの水栓から吐水する水栓である。ハンドルやレバー等の操作により吐水，止水，吐水流量及び吐水温度が調整できる。

(4)　水道用コンセントは，洗濯機，食器洗い機との組合せに最適な水栓で，通常の水栓のように壁から出っ張らないので邪魔にならず，使用するときだけホースをつなげばよいので空間を有効に利用することができる。

【問題　46】　給水管に関する次の記述のうち，<u>適当なもの</u>はどれか。

(1)　銅管は，耐食性に優れるため薄肉化しているので，軽量で取り扱いが容易である。また，アルカリに侵されず，スケールの発生も少ないが，遊離炭酸が多い水には適さない。

(2)　耐熱性硬質塩化ビニルライニング鋼管は，鋼管の内面に耐熱性硬質ポリ塩化ビニルをライニングした管である。この管の用途は，給水・給湯等であり，連続使用許容温度は95℃以下である。

(3)　ステンレス鋼鋼管は，鋼管と比べると特に耐食性に優れている。軽量化しているので取り扱いは容易であるが，薄肉であるため強度的には劣る。

(4)　ダクタイル鋳鉄管は，鋳鉄組織中の黒鉛が球状のため，靭性がなく衝撃に弱い。しかし，引張り強さが大であり，耐久性もある。

【問題 47】 給水管の継手に関する次の記述の 内に入る語句の組み合わせのうち, 適当なものはどれか。

① 架橋ポリエチレン管の継手の種類としては, メカニカル式継手と ア 継手がある。
② ダクタイル鋳鉄管の接合形式は多種類あるが, 一般に給水装置では, メカニカル継手, イ 継手及びフランジ継手の3種類がある。
③ 水道用ポリエチレン二層管の継手は, 一般的に ウ 継手が用いられる。
④ ステンレス鋼鋼管の継手の種類としては, エ 継手とプレス式継手がある。

	ア	イ	ウ	エ
(1)	EF	RR	金属	スライド式
(2)	熱融着	プッシュオン	TS	スライド式
(3)	EF	プッシュオン	金属	伸縮可とう式
(4)	熱融着	RR	TS	伸縮可とう式
(5)	EF	RR	金属	伸縮可とう式

【問題 48】 軸流羽根車式水道メーターに関する次の記述の 内に入る語句の組み合わせのうち, 適当なものはどれか。

軸流羽根車式水道メーターは, 管状の器内に設置された流れに平行な軸を持つ螺旋状の羽根車を回転させて, 積算計量する構造のものであり, たて形とよこ形の2種類に分けられる。

たて形軸流羽根車式は, メーターケースに流入した水流が, 整流器を通って, ア に設置された螺旋状羽根車に沿って流れ, 羽根車を回転させる構造のものである。水の流れが水道メーター内で イ するため損失水頭が ウ 。

	ア	イ	ウ
(1)	垂直	迂流	小さい
(2)	水平	直流	大きい
(3)	垂直	迂流	大きい
(4)	水平	迂流	大きい
(5)	水平	直流	小さい

【問題 49】 水道メーターに関する次の記述のうち，不適当なものはどれか。

(1) 水道の使用水量は，料金算定の基礎となるもので適正な計量が求められることから，水道メーターは計量法に定める特定計量器の検定に合格したものを設置する。

(2) 水道メーターは，検定有効期間が8年間であるため，その期間内に検定に合格した水道メーターと交換しなければならない。

(3) 水道メーターの技術進歩への迅速な対応及び国際整合化の推進を図るため，日本産業規格（JIS規格）が制定されている。

(4) 電磁式水道メーターは，水の流れと平行に磁界をかけ，電磁誘導作用により，流れと磁界に平行な方向に誘起された起電力により流量を測定する器具である。

(5) 水道メーターの呼び径決定に際しては，適正使用流量範囲，一時的使用の許容範囲等に十分留意する必要がある。

【問題 50】 給水用具の故障と修理に関する次の記述の正誤の組み合わせのうち，適当なものはどれか。

ア 受水槽のボールタップの故障で水が止まらなくなったので，原因を調査した。その結果，パッキンが摩耗していたので，パッキンを取り替えた。

イ ボールタップ付ロータンクの水が止まらなかったので，原因を調査した。その結果，フロート弁の摩耗，損傷のためすき間から水が流れ込んでいたので，分解し清掃した。

ウ ピストン式定水位弁の水が止まらなかったので，原因を調査した。その結果，主弁座パッキンが摩耗していたので，主弁座パッキンを新品に取り替えた。

エ 水栓から不快音があったので，原因を調査した。その結果，スピンドルの孔とこま軸の外径が合わなく，がたつきがあったので，スピンドルを取り替えた。

	ア	イ	ウ	エ
(1)	正	誤	正	正
(2)	正	誤	誤	正
(3)	誤	正	誤	正
(4)	誤	正	正	誤
(5)	正	誤	正	誤

【問題 51】 給水用具の故障と修理に関する次の記述の正誤の組み合わせのうち，適当なものはどれか。

ア 大便器洗浄弁のハンドルから漏水していたので，原因を調査した。その結果，ハンドル部のパッキンが傷んでいたので，ピストンバルブを取り出し，Uパッキンを取り替えた。

イ 小便器洗浄弁の吐水量が多いので，原因を調査した。その結果，調節ねじが開け過ぎとなっていたので，調節ねじを左に回して吐水量を減らした。

ウ ダイヤフラム式定水位弁の故障で水が出なくなったので，原因を調査した。その結果，流量調節棒が締め切った状態になっていたので，ハンドルを回して所定の位置にした。

エ 水栓から漏水していたので，原因を調査した。その結果，弁座に軽度の摩耗が見られたので，まずはパッキンを取り替えた。

	ア	イ	ウ	エ
(1)	正	誤	誤	正
(2)	誤	正	誤	正
(3)	正	正	誤	正
(4)	正	誤	正	誤
(5)	誤	誤	正	正

【問題 52】 湯沸器に関する次の記述の正誤の組み合わせのうち，適当なものはどれか。

ア 地中熱利用ヒートポンプ給湯機は，年間を通して一定である地表面から約10 m以深の安定した温度の熱を利用する。地中熱は日本中どこでも利用でき，しかも天候に左右されない再生可能エネルギーである。

イ 潜熱回収型給湯器は，今まで利用せずに排気していた高温(200℃)の燃焼ガスを再利用し，水を潜熱で温めた後に従来の一次熱交換器で加温して温水を作り出す。

ウ 元止め式瞬間湯沸器は，給湯配管を通して湯沸器から離れた場所で使用できるもので，2カ所以上に給湯する場合に広く利用される。

エ 太陽熱利用貯湯湯沸器の二回路型は，給水管に直結した貯湯タンク内で太陽集熱器から送られる熱源を利用し，水を加熱する。

	ア	イ	ウ	エ
(1)	正	正	誤	正
(2)	正	誤	正	誤
(3)	正	誤	誤	正
(4)	誤	正	正	誤
(5)	誤	正	誤	正

【問題 **53**】 浄水器に関する次の記述のうち，<u>不適当なものはどれか</u>。
 (1) 浄水器は，水道水中の残留塩素等の溶存物質，濁度等の減少を主目的としたものである。
 (2) 浄水器のろ過材には，活性炭，ろ過膜，イオン交換樹脂等が使用される。
 (3) 水栓一体形浄水器のうち，スパウト内部に浄水カートリッジがあるものは，常時水圧が加わらないので，給水用具に該当しない。
 (4) アンダーシンク形浄水器は，水栓の流入側に取り付けられる方式と流出側に取り付けられる方式があるが，どちらも給水用具として分類される。

【問題 **54**】 直結加圧形ポンプユニットに関する次の記述のうち，<u>不適当なものはどれか</u>。
 (1) 直結加圧形ポンプユニットの構成は，ポンプ，電動機，制御盤，バイパス管，圧力発信機，流水スイッチ，圧力タンク等からなっている。
 (2) 吸込側の圧力が異常低下した場合は自動停止し，吸込側の圧力が復帰した場合は手動で復帰させなければならない。
 (3) 圧力タンクは，日本水道協会規格（JWWA B 130：2005）に定める性能に支障が生じなければ，設置する必要はない。
 (4) 使用水量が少なく自動停止する時の吐水量は，10 L/min 程度とされている。

【問題 **55**】 給水用具に関する次の記述のうち，<u>不適当なものはどれか</u>。
 (1) 自動販売機は，水道水を内部タンクで受けたあと，目的に応じてポンプにより加工機構へ供給し，コーヒー等を販売する器具である。
 (2) Y 型ストレーナは，流体中の異物などをろ過するスクリーンを内蔵し，ストレーナ本体が配管に接続されたままの状態でも清掃できる。
 (3) 水撃防止器は，封入空気等をゴム等により圧縮し，水撃を緩衝するもので，ベローズ形，エアバッグ形，ダイヤフラム式等がある。
 (4) 温水洗浄装置付便座は，その製品の性能等の規格を JIS に定めており，温水発生装置で得られた温水をノズルから射出する装置を有した便座である。
 (5) サーモスタット式の混合水栓は，湯側・水側の 2 つのハンドルを操作し，吐水・止水，吐水量の調整，吐水温度の調整ができる。

給水装置施工管理法

【問題　56】　給水装置工事における施工管理に関する次の記述のうち，<u>不適当なもの</u><u>はどれか</u>。
　(1)　配水管からの分岐以降水道メーターまでの工事は，あらかじめ水道事業者の承認を受けた工法，工期その他の工事上の条件に適合するように施工する必要がある。
　(2)　水道事業者，需要者（発注者）等が常に施工状況の確認ができるよう必要な資料，写真の取りまとめを行っておく。
　(3)　道路部掘削時の埋戻しに使用する埋戻し土は，水道事業者が定める基準等を満たした材料であるか検査・確認し，水道事業者の承諾を得たものを使用する。
　(4)　工事着手に先立ち，現場付近の住民に対し，工事の施工について協力が得られるよう，工事内容の具体的な説明を行う。
　(5)　工事の施工に当たり，事故が発生した場合は，直ちに必要な措置を講じた上で，事故の状況及び措置内容を水道事業者及び関係官公署に報告する。

【問題　57】　宅地内での給水装置工事の施工管理に関する次の記述の　　　　内に入る語句の組み合わせのうち，<u>適当なものはどれか</u>。
　宅地内での給水装置工事は，一般に水道メーター以降　ア　までの工事である。　イ　の依頼に応じて実施されるものであり，工事の内容によっては，建築業者等との調整が必要となる。宅地内での給水装置工事は，これらに留意するとともに，道路上での給水装置工事と同様に　ウ　の作成と，それに基づく工程管理，品質管理，安全管理等を行う。

	ア	イ	ウ
(1)	末端給水用具	施主（需要者等）	施工計画書
(2)	末端給水用具	水道事業者	工程表
(3)	末端給水用具	施主（需要者等）	工程表
(4)	建築物の外壁	水道事業者	工程表
(5)	建築物の外壁	施主（需要者等）	施工計画書

【問題　58】　給水装置工事における品質管理について，穿孔後に確認する水質項目の組み合わせのうち，適当なものはどれか。
(1)　残留塩素　　TOC　　　　色　　　　　　濁り　　　味
(2)　におい　　　残留塩素　　濁り　　　　　味　　　　色
(3)　残留塩素　　濁り　　　　味　　　　　　色　　　　pH値
(4)　におい　　　濁り　　　　残留塩素　　　色　　　　TOC
(5)　残留塩素　　におい　　　濁り　　　　　pH値　　　色

【問題　59】　建設工事公衆災害防止対策要綱に基づく交通対策に関する次の記述の正誤の組み合わせのうち，適当なものはどれか。
ア　施工者は，道路上に作業場を設ける場合は，原則として，交通流に対する正面から車両を出入りさせなければならない。ただし，周囲の状況等によりやむを得ない場合においては，交通流に平行する部分から車両を出入りさせることができる。
イ　施工者は，道路上において土木工事を施工する場合には，道路管理者及び所轄警察署長の指示を受け，作業場出入口等に原則，交通誘導警備員を配置し，道路標識，保安灯，セイフティコーン又は矢印板を設置する等，常に交通の流れを阻害しないよう努めなければならない。
ウ　発注者及び施工者は，土木工事のために，一般の交通を迂回させる必要がある場合においては，道路管理者及び所轄警察署長の指示するところに従い，まわり道の入口及び要所に運転者又は通行者に見やすい案内用標示板等を設置し，運転者又は通行者が容易にまわり道を通過し得るようにしなければならない。
エ　施工者は，歩行者用通路とそれに接する車両の交通の用に供する部分との境及び歩行者用通路と作業場との境は，必要に応じて移動さくを等間隔であけるように設置し，又は移動さくの間に保安灯を設置する等明確に区分する。
　　　　　ア　　イ　　ウ　　エ
(1)　　正　　正　　正　　誤
(2)　　正　　誤　　正　　誤
(3)　　誤　　正　　正　　正
(4)　　誤　　正　　正　　誤
(5)　　誤　　正　　誤　　正

【問題　60】　建設工事公衆災害防止対策要綱に基づく交通対策に関する次の記述のうち，<u>不適当なもの</u>はどれか。

(1)　施工者は工事用の諸施設を設置する必要がある場合に当たっては，周辺の地盤面から高さ 0.8 m 以上 2 m 以下の部分については，通行者の視界を妨げることのないよう必要な措置を講じなければならない。

(2)　施工者は，道路を掘削した箇所を埋め戻したのち，仮舗装を行う際にやむを得ない理由で段差が生じた場合は，10% 以内の勾配ですりつけなければならない。

(3)　施工者は，道路上において又は道路に接して土木工事を施工する場合には，工事を予告する道路標識，標示板等を，工事箇所の前方 50 m から 500 m の間の路側又は中央帯のうち視認しやすい箇所に設置しなければならない。

(4)　発注者及び施工者は，やむを得ず歩行者用通路を制限する必要がある場合，歩行者が安全に通行できるよう車道とは別に，幅 0.9 m 以上（高齢者や車椅子使用者等の通行が想定されない場合は幅 0.75 m 以上），有効高さは 2.1 m 以上の歩行者用通路を確保しなければならない。

(5)　発注者及び施工者は，車道を制限する場合において，道路管理者及び所轄警察署長から特に指示のない場合は，制限した後の道路の車線が 1 車線となる場合にあっては，その車道幅員は 3 m 以上とし，2 車線となる場合にあっては，その車道幅員は 5.5 m 以上とする。

令和3年度
給水装置工事主任技術者試験

━━ 「学科試験1」試験問題 ━━

次の注意事項を解答用紙と対比しながら声を出さずに読んで下さい。

1. 解答用紙の受験番号の確認

   解答用紙の所定欄に，あなたの受験番号が印刷してありますので，確認して下さい。記載内容に誤りがある場合は，手を上げて下さい。

2. 解答用紙への氏名及びフリガナの記入

   解答用紙の所定欄に，あなたの氏名を記入するとともに，フリガナをカタカナで記入して下さい。

3. 注意事項の表紙への受験番号及び氏名の記入

   この注意事項の表紙の所定欄に，あなたの受験番号及び氏名を記入して下さい。

4. 試験問題数及び解答時間

   学科試験1の試験問題数は40問で，解答時間は150分です。

5. 解答方法

(1) 解答方法はマークシート方式です。設問に適した答えを一つ選び，次の例にならって解答用紙にマーク（塗りつぶす）して下さい。

   なお，一つの試験問題で二つ以上マークすると誤りとなりますので注意して下さい。

〔例1〕四肢択一の問題

   問題1　次のうち，日本一高い山はどれか。

   　(1)　阿蘇山　　　　(2)　浅間山

   　(3)　富士山　　　　(4)　槍ヶ岳

   正解は(3)ですから，次のように解答用紙の③をマークして下さい。

問題番号	解　答　欄			
問題1	①	②	●	④

〔例2〕五肢択一の問題

   問題2　次のうち，日本一大きい湖はどれか。

(1)　霞ヶ浦　　　(2)　琵琶湖　　　(3)　サロマ湖

(4)　猪苗代湖　　(5)　宍道湖

正解は(2)ですから，次のように解答用紙の②をマークして下さい。

問題番号	解　答　欄				
問題2	①	●	③	④	⑤

(2)　採点は機械によって行いますので，解答は HB の鉛筆を使用し，○の外にはみ出さないようにマークして下さい。ボールペンは使用しないで下さい。

　　なお，シャープペンシルを使用する場合は，なるべくしんの太いものを使用して下さい。

　　　　良い解答の例……●

　　　　悪い解答の例……Ⓦ Ⓥ ⊗ ⊝ ⊜ ⊙ ◐ ◕

(3)　一度マークしたところを訂正する場合は，消しゴムで消し残りのないように完全に消して下さい。なお，砂消しゴムは，解答用紙を傷つけたり，よごす恐れがありますので使用してはいけません。

　　鉛筆の跡が残ったり，━のような消し方をした場合は，訂正したことにはなりませんので注意して下さい。

(4)　解答用紙は，折り曲げたり，チェックやメモ書きなどで汚したりしないように特に注意して下さい。

6. その他の注意事項

(1)　試験問題の内容に関する質問には一切お答えしません。

(2)　解答用紙を持ち帰ることは認めません。

(3)　途中退室は試験開始45分後から試験終了15分前までの間は認めますが，その前後の途中退室は認めません。

(4)　途中退室する際には，着席したままで手を上げて下さい。

　　試験監督員があなたの解答用紙を回収し，退室の指示があるまで席を立たないで下さい。

(5)　一度退室すると試験終了後，指示があるまでは再入室を認めません。

(6)　試験終了後は，試験監督員が全員の解答用紙を回収し確認作業を行いますので，試験監督員の指示があるまで席を立たないで下さい。

(7)　試験問題は，試験終了後の持ち帰りは認めますが，途中退室する際の持ち出しは認めません。

　　途中退室された方が試験問題を必要とする場合は，試験終了後，再入室を許可する旨の指示を受けてから，再入室して自席のものをお持ち帰り下さい。許可するまでは再入室を認めません。

公衆衛生概論

【問題　1】　水道施設とその機能に関する次の組み合わせのうち,<u>不適当なものはどれか</u>。

　　　　水道施設　　　　　　　　　機　能
(1)　浄水施設………原水を人の飲用に適する水に処理する。
(2)　配水施設………一般の需要に応じ,必要な浄水を供給する。
(3)　貯水施設………水道の原水を貯留する。
(4)　導水施設………浄水施設を経た浄水を配水施設に導く。
(5)　取水施設………水道の水源から原水を取り入れる。

【問題　2】　水道法第4条に規定する水質基準に関する次の記述のうち,<u>不適当なもの</u><u>はどれか</u>。
(1)　外観は,ほとんど無色透明であること。
(2)　異常な酸性又はアルカリ性を呈しないこと。
(3)　消毒による臭味がないこと。
(4)　病原生物に汚染され,又は病原生物に汚染されたことを疑わせるような生物若しくは物質を含むものでないこと。
(5)　銅,鉄,弗素,フェノールその他の物質をその許容量をこえて含まないこと。

【問題　3】　水道の利水障害(日常生活での水利用への差し障り)に関する次の記述のうち,<u>不適当なものはどれか</u>。
(1)　藻類が繁殖するとジェオスミンや2-メチルイソボルネオール等の有機物が産生され,これらが飲料水に混入すると着色の原因となる。
(2)　飲料水の味に関する物質として,塩化物イオン,ナトリウム等があり,これらの飲料水への混入は主に水道原水や工場排水等に由来する。
(3)　生活廃水や工場排水に由来する界面活性剤が飲料水に混入すると泡立ちにより,不快感をもたらすことがある。
(4)　利水障害の原因となる物質のうち,亜鉛,アルミニウム,鉄,銅は水道原水に由来するが,水道に用いられた薬品や資機材に由来することもある。

水道行政

【問題 4】 水質管理に関する次の記述のうち，<u>不適当なもの</u>はどれか。

(1) 水道事業者は，水質検査を行うため，必要な検査施設を設けなければならないが，厚生労働省令の定めるところにより，地方公共団体の機関又は厚生労働大臣の登録を受けた者に委託して行うときは，この限りではない。

(2) 水質基準項目のうち，色及び濁り並びに消毒の残留効果については，1日1回以上検査を行わなければならない。

(3) 水質検査に供する水の採取の場所は，給水栓を原則とし，水道施設の構造等を考慮して，水質基準に適合するかどうかを判断することができる場所を選定する。

(4) 水道事業者は，その供給する水が人の健康を害するおそれがあることを知ったときは，直ちに給水を停止し，かつ，その水を使用することが危険である旨を関係者に周知させる措置を講じなければならない。

【問題 5】 指定給水装置工事事業者の5年ごとの更新時に，水道事業者が確認することが望ましい事項に関する次の記述の正誤の組み合わせのうち，<u>適当なもの</u>はどれか。

ア 給水装置工事主任技術者等の研修会の受講状況
イ 指定給水装置工事事業者の講習会の受講実績
ウ 適切に作業を行うことができる技能を有する者の従事状況
エ 指定給水装置工事事業者の業務内容（営業時間，漏水修繕，対応工事等）

	ア	イ	ウ	エ
(1)	誤	正	正	正
(2)	正	誤	正	正
(3)	正	正	誤	正
(4)	正	正	正	誤
(5)	正	正	正	正

【問題 6】 水道法に規定する水道事業等の認可に関する次の記述の正誤の組み合わせのうち，適当なものはどれか。
ア　水道法では，水道事業者を保護育成すると同時に需要者の利益を保護するために，水道事業者を監督する仕組みとして，認可制度をとっている。
イ　水道事業を経営しようとする者は，市町村長の認可を受けなければならない。
ウ　水道事業経営の認可制度によって，複数の水道事業者の給水区域が重複することによる不合理・不経済が回避される。
エ　専用水道を経営しようとする者は，市町村長の認可を受けなければならない。

	ア	イ	ウ	エ
(1)	正	正	正	正
(2)	正	誤	正	誤
(3)	誤	正	誤	正
(4)	正	誤	正	正
(5)	誤	正	誤	誤

【問題 7】 給水装置工事主任技術者について水道法に定められた次の記述の正誤の組み合わせのうち，適当なものはどれか。
ア　指定給水装置工事事業者は，工事ごとに，給水装置工事主任技術者を選任しなければならない。
イ　指定給水装置工事事業者は，給水装置工事主任技術者を選任した時は，遅滞なくその旨を国に届け出なければならない。これを解任した時も同様とする。
ウ　給水装置工事主任技術者は，給水装置工事に従事する者の技術上の指導監督を行わなければならない。
エ　給水装置工事主任技術者は，給水装置工事に係る給水装置が構造及び材質の基準に適合していることの確認を行わなければならない。

	ア	イ	ウ	エ
(1)	正	正	誤	誤
(2)	正	誤	正	誤
(3)	誤	正	誤	正
(4)	誤	誤	正	正
(5)	誤	正	誤	誤

【問題 8】 水道法第19条に規定する水道技術管理者の事務に関する次の記述のうち，不適当なものはどれか。

(1) 水道施設が水道法第5条の規定による施設基準に適合しているかどうかの検査に関する事務に従事する。

(2) 配水施設以外の水道施設又は配水池を新設し，増設し，又は改造した場合における，使用開始前の水質検査及び施設検査に関する事務に従事する。

(3) 水道により供給される水の水質検査に関する事務に従事する。

(4) 水道事業の予算・決算台帳の作成に関する事務に従事する。

(5) 給水装置が水道法第16条の規定に基づき定められた構造及び材質の基準に適合しているかどうかの検査に関する事務に従事する。

【問題 9】 水道事業の経営全般に関する次の記述のうち，不適当なものはどれか。

(1) 水道事業者は，水道の布設工事を自ら施行し，又は他人に施行させる場合においては，その職員を指名し，又は第三者に委嘱して，その工事の施行に関する技術上の監督業務を行わせなければならない。

(2) 水道事業者は，水道事業によって水の供給を受ける者から，水質検査の請求を受けたときは，すみやかに検査を行い，その結果を請求者に通知しなければならない。

(3) 水道事業者は，水道法施行令で定めるところにより，水道の管理に関する技術上の業務の全部又は一部を他の水道事業者若しくは水道用水供給事業者又は当該業務を適正かつ確実に実施することができる者として同施行令で定める要件に該当するものに委託することができる。

(4) 地方公共団体である水道事業者は，民間資金等の活用による公共施設等の整備等の促進に関する法律に規定する公共施設等運営権を設定しようとするときは，水道法に基づき，あらかじめ都道府県知事の認可を受けなければならない。

給水装置工事法

【問題 10】 水道法施行規則第36条第1項第2号の指定給水装置工事事業者における「事業の運営の基準」に関する次の記述の ☐ 内に入る語句の組み合わせのうち,適当なものはどれか。

「適切に作業を行うことができる技能を有する者」とは,配水管への分水栓の取付け,配水管の ア ,給水管の接合等の配水管から給水管を分岐する工事に係る作業及び当該分岐部から イ までの配管工事に係る作業について,当該 ウ その他の地下埋設物に変形,破損その他の異常を生じさせることがないよう,適切な資機材,工法,地下埋設物の防護の方法を選択し, エ を実施できる者をいう。

	ア	イ	ウ	エ
(1)	点 検	止 水 栓	給水管	技術上の監理
(2)	点 検	水道メーター	給水管	正確な作業
(3)	穿 孔	止 水 栓	配水管	技術上の監理
(4)	穿 孔	水道メーター	給水管	技術上の監理
(5)	穿 孔	水道メーター	配水管	正確な作業

【問題 11】 配水管からの給水管の取出しに関する次の記述の正誤の組み合わせのうち,適当なものはどれか。

ア 配水管への取付口の位置は,他の給水装置の取付口から30センチメートル以上離し,また,給水管の口径は,当該給水装置による水の使用量に比し,著しく過大でないこと。

イ 異形管から給水管を取り出す場合は,外面に付着した土砂や外面被覆材を除去し,入念に清掃したのち施工する。

ウ 不断水分岐作業の終了後は,水質確認(残留塩素の測定及び色,におい,濁り,味の確認)を行う。

エ ダクタイル鋳鉄管の分岐穿孔に使用するサドル付分水栓用ドリルの先端角は,一般的にモルタルライニング管が $90°\sim100°$ で,エポキシ樹脂粉体塗装管が $118°$ である。

	ア	イ	ウ	エ
(1)	正	正	誤	正
(2)	誤	誤	正	誤
(3)	正	誤	正	誤
(4)	誤	正	誤	正
(5)	正	誤	正	正

【問題 12】 ダクタイル鋳鉄管からのサドル付分水栓穿孔作業に関する次の記述の正誤の組み合わせのうち，**適当なものはどれか**。

ア サドル付分水栓を取り付ける前に，弁体が全閉状態になっていること，パッキンが正しく取り付けられていること，塗装面やねじ等に傷がないこと等を確認する。

イ サドル付分水栓は，配水管の管軸頂部にその中心線がくるように取り付け，給水管の取出し方向及びサドル付分水栓が管軸方向から見て傾きがないことを確認する。

ウ サドル付分水栓の穿孔作業に際し，サドル付分水栓の吐水部又は穿孔機の排水口に排水用ホースを連結し，ホース先端を下水溝に直接接続し，確実に排水する。

エ 穿孔中はハンドルの回転が軽く感じるが，穿孔が完了する過程においてハンドルが重くなるため，特に口径 50 mm から取り出す場合にはドリルの先端が管底に接触しないよう注意しながら完全に穿孔する。

	ア	イ	ウ	エ
(1)	誤	正	誤	誤
(2)	正	誤	誤	正
(3)	誤	正	正	誤
(4)	正	誤	正	誤
(5)	誤	正	誤	正

【問題 13】 止水栓の設置及び給水管の防護に関する次の記述の正誤の組み合わせのうち，**適当なものはどれか**。

ア 止水栓は，給水装置の維持管理上支障がないよう，メーターボックス（ます）又は専用の止水栓きょう内に収納する。

イ 給水管を建物の柱や壁等に添わせて配管する場合には，外力，自重，水圧等による振動やたわみで損傷を受けやすいので，クリップ等のつかみ金具を使用し，管を 3～4 m の間隔で建物に固定する。

ウ 給水管を構造物の基礎や壁を貫通させて設置する場合は，構造物の貫通部に配管スリーブ等を設け，スリーブとの間隙を弾性体で充填し，給水管の損傷を防止する。

エ 給水管が水路を横断する場所にあっては，原則として水路を上越しして設置し，さや管等による防護措置を講じる。

	ア	イ	ウ	エ
(1)	誤	正	誤	正
(2)	正	誤	誤	正
(3)	正	誤	正	誤
(4)	正	正	誤	誤
(5)	誤	正	正	誤

【問題 14】 水道メーターの設置に関する次の記述のうち, 不適当なものはどれか。

(1) 水道メーターの設置に当たっては, 水道メーターに表示されている流水方向の矢印を確認したうえで取り付ける。

(2) 水道メーターの設置は, 原則として道路境界線に最も近接した宅地内で, 水道メーターの計量及び取替作業が容易であり, かつ, 水道メーターの損傷, 凍結等のおそれがない位置とする。

(3) 呼び径が50mm以上の水道メーターを収納するメーターボックス（ます）は, コンクリートブロック, 現場打ちコンクリート, 金属製等で, 上部に鉄蓋を設置した構造とするのが一般的である。

(4) 集合住宅等の複数戸に直結増圧式等で給水する建物の親メーターにおいては, ウォーターハンマーを回避するため, メーターバイパスユニットを設置する方法がある。

(5) 水道メーターは, 傾斜して取り付けると, 水道メーターの性能, 計量精度や耐久性を低下させる原因となるので, 水平に取り付けるが, 電磁式のみ取付姿勢は自由である。

【問題 15】 「給水装置の構造及び材質の基準に関する省令」に関する次の記述のうち, 不適当なものはどれか。

(1) 家屋の主配管とは, 口径や流量が最大の給水管を指し, 配水管からの取り出し管と同口径の部分の配管がこれに該当する。

(2) 家屋の主配管は, 配管の経路について構造物の下の通過を避けること等により, 漏水時の修理を容易に行うことができるようにしなければならない。

(3) 給水装置の接合箇所は, 水圧に対する充分な耐力を確保するためにその構造及び材質に応じた適切な接合が行われているものでなければならない。

(4) 弁類は, 耐久性能試験により10万回の開閉操作を繰り返した後, 当該省令に規定する性能を有するものでなければならない。

(5) 熱交換器が給湯及び浴槽内の水等の加熱に兼用する構造の場合, 加熱用の水路については, 耐圧性能試験により1.75メガパスカルの静水圧を1分間加えたとき, 水漏れ, 変形, 破損その他の異常を生じないこと。

【問題　16】　配管工事の留意点に関する次の記述のうち，不適当なものはどれか。

(1)　水路の上越し部，鳥居配管となっている箇所等，空気溜まりを生じるおそれがある場所にあっては空気弁を設置する。

(2)　高水圧が生じる場所としては，配水管の位置に対し著しく低い場所にある給水装置などが挙げられるが，そのような場所には逆止弁を設置する。

(3)　給水管は，将来の取替え，漏水修理等の維持管理を考慮して，できるだけ直線に配管する。

(4)　地階又は2階以上に配管する場合は，修理や改造工事に備えて，各階ごとに止水栓を設置する。

(5)　給水管の布設工事が1日で完了しない場合は，工事終了後必ずプラグ等で汚水やごみ等の侵入を防止する措置を講じておく。

【問題　17】　給水管の接合に関する次の記述の正誤の組み合わせのうち，適当なものはどれか。

ア　水道用ポリエチレン二層管の金属継手による接合においては，管種（1～3種）に適合したものを使用し，接合に際しては，金属継手を分解して，袋ナット，樹脂製リングの順序で管に部品を通し，樹脂製リングは割りのない方を袋ナット側に向ける。

イ　硬質塩化ビニルライニング鋼管のねじ継手に外面樹脂被覆継手を使用する場合は，埋設の際，防食テープを巻く等の防食処理等を施す必要がある。

ウ　ダクタイル鋳鉄管の接合に使用する滑剤は，継手用滑剤に適合するものを使用し，グリース等の油剤類は使用しない。

エ　水道配水用ポリエチレン管のEF継手による接合は，長尺の陸継ぎが可能であり，異形管部分の離脱防止対策が不要である。

	ア	イ	ウ	エ
(1)	正	正	誤	誤
(2)	誤	正	正	誤
(3)	誤	正	誤	正
(4)	正	誤	誤	正
(5)	誤	誤	正	正

【問題　18】　給水装置の維持管理に関する次の記述のうち，<u>不適当なものはどれか</u>。
(1)　給水装置工事主任技術者は，需要者が水道水の供給を受ける水道事業者の配水管からの分岐以降水道メーターまでの間の維持管理方法に関して，必要の都度需要者に情報提供する。
(2)　配水管からの分岐以降水道メーターまでの間で，水道事業者の負担で漏水修繕する範囲は，水道事業者ごとに定められている。
(3)　水道メーターの下流側から末端給水用具までの間の維持管理は，すべて需要者の責任である。
(4)　需要者は，給水装置の維持管理に関する知識を有していない場合が多いので，給水装置工事主任技術者は，需要者から給水装置の異常を告げられたときには，漏水の見つけ方や漏水の予防方法などの情報を提供する。
(5)　指定給水装置工事事業者は，末端給水装置から供給された水道水の水質に関して異常があった場合には，まず給水用具等に異常がないか確認した後に水道事業者に報告しなければならない。

【問題　19】　消防法の適用を受けるスプリンクラーに関する次の記述のうち，<u>不適当なものはどれか</u>。
(1)　平成19年の消防法改正により，一定規模以上のグループホーム等の小規模社会福祉施設にスプリンクラーの設置が義務付けられた。
(2)　水道直結式スプリンクラー設備の工事は，水道法に定める給水装置工事として指定給水装置工事事業者が施工する。
(3)　水道直結式スプリンクラー設備の設置で，分岐する配水管からスプリンクラーヘッドまでの水理計算及び給水管，給水用具の選定は，消防設備士が行う。
(4)　水道直結式スプリンクラー設備は，消防法令適合品を使用するとともに，給水装置の構造及び材質の基準に関する省令に適合した給水管，給水用具を用いる。
(5)　水道直結式スプリンクラー設備の配管は，消火用水をできるだけ確保するために十分な水を貯留することのできる構造とする。

給水装置の構造及び性能

【問題 20】 給水管及び給水用具の耐圧，浸出以外に適用される性能基準に関する次の組み合わせのうち，適当なものはどれか。

(1) 給水管：耐　　久，　　耐　　寒，　　逆流防止
(2) 継　手：耐　　久，　　耐　　寒，　　逆流防止
(3) 浄水器：耐　　寒，　　逆流防止，　　負圧破壊
(4) 逆止弁：耐　　久，　　逆流防止，　　負圧破壊

【問題 21】 給水装置の水撃限界性能基準に関する次の記述のうち，不適当なものはどれか。

(1) 水撃限界性能基準は，水撃作用により給水装置に破壊等が生じることを防止するためのものである。

(2) 水撃作用とは，止水機構を急に閉止した際に管路内に生じる圧力の急激な変動作用をいう。

(3) 水撃限界性能基準は，水撃発生防止仕様の給水用具であるか否かを判断する基準であり，水撃作用を生じるおそれのある給水用具はすべてこの基準を満たしていなければならない。

(4) 水撃限界性能基準の適用対象の給水用具には，シングルレバー式水栓，ボールタップ，電磁弁（電磁弁内蔵の全自動洗濯機，食器洗い機等），元止め式瞬間湯沸器がある。

(5) 水撃限界に関する試験により，流速2メートル毎秒又は動水圧を0.15メガパスカルとする条件において給水用具の止水機構の急閉止をしたとき，その水撃作用により上昇する圧力が1.5メガパスカル以下である性能を有する必要がある。

【問題 22】 給水用具の逆流防止性能基準に関する次の記述の 内に入る数値の組み合わせのうち，適当なものはどれか。

減圧式逆流防止器の逆流防止性能基準は，厚生労働大臣が定める逆流防止に関する試験により ア キロパスカル及び イ メガパスカルの静水圧を ウ 分間加えたとき，水漏れ，変形，破損その他の異常を生じないとともに，厚生労働大臣が定める負圧破壊に関する試験により流入側からマイナス エ キロパスカルの圧力を加えたとき，減圧式逆流防止器に接続した透明管内の水位の上昇が3ミリメートルを超えないこととされている。

	ア	イ	ウ	エ
(1)	3	1.5	5	54
(2)	5	3	5	5
(3)	3	1.5	1	54
(4)	5	1.5	5	5
(5)	3	3	1	54

【問題 23】 給水装置の構造及び材質の基準に定める耐寒性能基準及び耐寒性能試験に関する次の記述の正誤の組み合わせのうち，適当なものはどれか。

ア 耐寒性能基準は，寒冷地仕様の給水用具か否かの判断基準であり，凍結のおそれがある場所において設置される給水用具はすべてこの基準を満たしていなければならない。

イ 凍結のおそれがある場所に設置されている給水装置のうち弁類の耐寒性能試験では，零下20℃プラスマイナス2℃の温度で1時間保持した後に通水したとき，当該給水装置に係る耐圧性能，水撃限界性能，逆流防止性能及び負圧破壊性能を有するものであることを確認する必要がある。

ウ 低温に暴露した後確認すべき性能基準項目から浸出性能を除いたのは，低温暴露により材質等が変化することは考えられず，浸出性能に変化が生じることはないと考えられることによる。

エ 耐寒性能基準においては，凍結防止の方法は水抜きに限定している。

	ア	イ	ウ	エ
(1)	正	正	誤	誤
(2)	誤	誤	正	正
(3)	誤	誤	正	誤
(4)	正	誤	誤	正
(5)	誤	正	正	誤

【問題 24】クロスコネクション及び水の汚染防止に関する次の記述の正誤の組み合わせのうち，適当なものはどれか。

ア　給水装置と受水槽以下の配管との接続はクロスコネクションではない。

イ　給水装置と当該給水装置以外の水管，その他の設備とは，仕切弁や逆止弁が介在しても，また，一時的な仮設であってもこれらを直接連結してはならない。

ウ　シアンを扱う施設に近接した場所があったため，鋼管を使用して配管した。

エ　合成樹脂管は有機溶剤などに侵されやすいので，そのおそれがある箇所には使用しないこととし，やむを得ず使用する場合は，さや管などで適切な防護措置を施す。

	ア	イ	ウ	エ
(1)	誤	正	誤	正
(2)	誤	正	正	誤
(3)	正	正	誤	誤
(4)	誤	誤	正	正
(5)	正	誤	誤	正

【問題 25】　水の汚染防止に関する次の記述のうち，不適当なものはどれか。

(1)　配管接合用シール材又は接着剤等は水道用途に適したものを使用し，接合作業において接着剤，切削油，シール材等の使用量が不適当な場合，これらの物質が水道水に混入し，油臭，薬品臭等が発生する場合があるので必要最小限の材料を使用する。

(2)　末端部が行き止まりの給水装置は，停滞水が生じ，水質が悪化するおそれがあるため極力避ける。やむを得ず行き止まり管となる場合は，末端部に排水機構を設置する。

(3)　洗浄弁，洗浄装置付便座，水洗便器のロータンク用ボールタップは，浸出性能基準の適用対象となる給水用具である。

(4)　一時的，季節的に使用されない給水装置には，給水管内に長期間水の停滞を生じることがあるため，まず適量の水を飲用以外で使用することにより，その水の衛生性を確保する。

(5)　分岐工事や漏水修理等で鉛製給水管を発見した時は，速やかに水道事業者に報告する。

【問題　26】　金属管の侵食に関する次の記述のうち，不適当なものはどれか。

(1)　マクロセル侵食とは，埋設状態にある金属材質，土壌，乾湿，通気性，pH，溶解成分の違い等の異種環境での電池作用による侵食をいう。

(2)　金属管が鉄道，変電所等に近接して埋設されている場合に，漏洩電流による電気分解作用により侵食を受ける。このとき，電流が金属管から流出する部分に侵食が起きる。

(3)　通気差侵食は，土壌の空気の通りやすさの違いにより発生するものの他に，埋設深さの差，湿潤状態の差，地表の遮断物による通気差が起因して発生するものがある。

(4)　地中に埋設した鋼管が部分的にコンクリートと接触している場合，アルカリ性のコンクリートに接していない部分の電位が，コンクリートと接触している部分より高くなって腐食電池が形成され，コンクリートと接触している部分が侵食される。

(5)　埋設された金属管が異種金属の管や継手，ボルト等と接触していると，自然電位の低い金属と自然電位の高い金属との間に電池が形成され，自然電位の低い金属が侵食される。

【問題　27】　凍結深度に関する次の記述の　　　　　内に入る語句の組み合わせのうち，適当なものはどれか。

　凍結深度は，　ア　温度が0℃になるまでの地表からの深さとして定義され，気象条件の他，　イ　によって支配される。屋外配管は，凍結深度より　ウ　布設しなければならないが，下水道管等の地下埋設物の関係で，やむを得ず凍結深度より　エ　布設する場合，又は擁壁，側溝，水路等の側壁からの離隔が十分に取れない場合等凍結深度内に給水装置を設置する場合は保温材（発泡スチロール等）で適切な防寒措置を講じる。

	ア	イ	ウ	エ
(1)	地中	管の材質	深く	浅く
(2)	管内	土質や含水率	浅く	深く
(3)	地中	土質や含水率	深く	浅く
(4)	管内	管の材質	浅く	深く

【問題 28】 給水装置の逆流防止に関する次の記述のうち，<u>不適当なものはどれか</u>。
- (1) バキュームブレーカの下端又は逆流防止機能が働く位置と水受け容器の越流面との間隔を 100 mm 以上確保する。
- (2) 吐水口を有する給水装置から浴槽に給水する場合は，越流面からの吐水口空間は 50 mm 以上を確保する。
- (3) 吐水口を有する給水装置からプールに給水する場合は，越流面からの吐水口空間は 200 mm 以上を確保する。
- (4) 減圧式逆流防止器は，構造が複雑であり，機能を良好な状態に確保するためにはテストコックを用いた定期的な性能確認及び維持管理が必要である。
- (5) ばね式，リフト式，スイング式逆止弁は，シール部分に鉄さび等の夾雑物が挟まったり，また，パッキン等シール材の摩耗や劣化により逆流防止性能を失うおそれがある。

【問題 29】 給水装置の逆流防止に関する次の記述の 内に入る語句の組み合わせのうち，<u>適当なものはどれか</u>。

呼び径が 20 mm を超え 25 mm 以下のものについては， ア から吐水口の中心までの水平距離を イ mm 以上とし， ウ から吐水口の エ までの垂直距離は オ mm 以上とする。

	ア	イ	ウ	エ	オ
(1)	近接壁	100	越流面	最下端	100
(2)	越流面	50	近接壁	中心	100
(3)	近接壁	50	越流面	最下端	50
(4)	越流面	100	近接壁	中心	50

給水装置計画論

【問題 30】 給水方式に関する次の記述の正誤の組み合わせのうち，<u>適当なものはどれか</u>。
- ア 直結式給水は，配水管の水圧で直結給水する方式（直結直圧式）と，給水管の途中に圧力水槽を設置して給水する方式（直結増圧式）がある。
- イ 直結式給水は，配水管から給水装置の末端まで水質管理がなされた安全な水を需要者に直接供給することができる。
- ウ 受水槽式給水は，配水管から分岐し受水槽に受け，この受水槽から給水する方式であり，受水槽流出口までが給水装置である。

エ 直結・受水槽併用式給水は，一つの建築物内で直結式，受水槽式の両方の給水
方式を併用するものである。

	ア	イ	ウ	エ
(1)	正	正	誤	誤
(2)	正	誤	誤	正
(3)	正	誤	正	誤
(4)	誤	誤	正	正
(5)	誤	正	誤	正

【問題 31】 給水方式の決定に関する次の記述のうち，不適当なものはどれか。

(1) 水道事業者ごとに，水圧状況，配水管整備状況等により給水方式の取扱いが異
なるため，その決定に当たっては，計画に先立ち，水道事業者に確認する必要が
ある。

(2) 一時に多量の水を使用するとき等に，配水管の水圧低下を引き起こすおそれが
ある場合は，直結・受水槽併用式給水とする。

(3) 配水管の水圧変動にかかわらず，常時一定の水量，水圧を必要とする場合は受
水槽式とする。

(4) 直結給水システムの給水形態は，階高が 4 階程度以上の建築物の場合は基本的
には直結増圧式給水であるが，配水管の水圧等に余力がある場合は，特例として
直結直圧式で給水することができる。

(5) 有毒薬品を使用する工場等事業活動に伴い，水を汚染するおそれのある場所に
給水する場合は受水槽式とする。

【問題 32】 受水槽式給水に関する次の記述のうち，不適当なものはどれか。

(1) 病院や行政機関の庁舎等において，災害時や配水施設の事故等による水道の断
減水時にも，給水の確保が必要な場合は受水槽式とする。

(2) 配水管の水圧が高いときは，受水槽への流入時に給水管を流れる流量が過大と
なって，水道メーターの性能，耐久性に支障を与えることがある。

(3) ポンプ直送式は，受水槽に受水した後，使用水量に応じてポンプの運転台数の
変更や回転数制御によって給水する方式である。

(4) 圧力水槽式は，受水槽に受水した後，ポンプで高置水槽へ汲み上げ，自然流下
により給水する方式である。

(5) 一つの高置水槽から適切な水圧で給水できる高さの範囲は，10 階程度なので，
高層建物では高置水槽や減圧弁をその高さに応じて多段に設置する必要がある。

【問題 33】 直結式給水による 15 戸の集合住宅での同時使用水量として，次のうち，最も近い値はどれか。

ただし，同時使用水量は，標準化した同時使用水量により計算する方法によるものとし，1 戸当たりの末端給水用具の個数と使用水量，同時使用率を考慮した末端給水用具数，並びに集合住宅の給水戸数と同時使用戸数率は，それぞれ表−1 から表−3 までのとおりとする。

(1) 580 L/min
(2) 610 L/min
(3) 640 L/min
(4) 670 L/min
(5) 700 L/min

表−1　1 戸当たりの末端給水用具の個数と使用水量

給水用具	個数	使用水量(L/min)
台所流し	1	25
洗濯流し	1	25
洗面器	1	10
浴槽（洋式）	1	40
大便器（洗浄タンク）	1	15
手洗器	1	5

表−2　総末端給水用具数と同時使用水量比

総末端給水用具数	1	2	3	4	5	6	7	8	9	10	15	20	30
同時使用水量比	1.0	1.4	1.7	2.0	2.2	2.4	2.6	2.8	2.9	3.0	3.5	4.0	5.0

表−3　給水戸数と同時使用戸数率

戸数	1〜3	4〜10	11〜20	21〜30	31〜40	41〜60	61〜80	81〜100
同時使用戸数率(%)	100	90	80	70	65	60	55	50

【問題 34】 受水槽式による総戸数 100 戸（2 LDK が 40 戸，3 LDK が 60 戸）の集合住宅 1 棟の標準的な受水槽容量の範囲として，次のうち，最も適当なものはどれか。

ただし，2 LDK 1 戸当たりの居住人員は 3 人，3 LDK 1 戸当たりの居住人員は 4 人とし，1 人 1 日当たりの使用水量は 250 L とする。

(1) 24 m³〜42 m³
(2) 27 m³〜45 m³
(3) 32 m³〜48 m³
(4) 36 m³〜54 m³
(5) 45 m³〜63 m³

【問題 35】 図—1 に示す給水管（口径 25 mm）において，A から F に向かって 48 L/min の水を流した場合，管路 A～F 間の総損失水頭として，次のうち，**最も近い値**はどれか。

ただし，総損失水頭は管の摩擦損失水頭と高低差のみの合計とし，水道メーター，給水用具類は配管内に無く，管の曲がりによる損失水頭は考慮しない。また，給水管の水量と動水勾配の関係は，**図—2** を用いて求めるものとする。

なお，A～B，C～D，E～F は水平方向に，B～C，D～E は鉛直方向に配管されている。

(1) 4 m (2) 6 m (3) 8 m (4) 10 m (5) 12 m

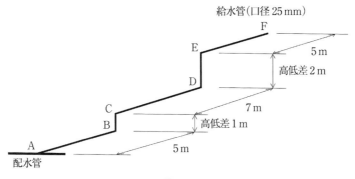

図—1

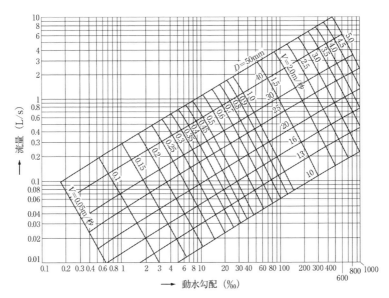

図—2 ウエストン公式による給水管の流量図

給水装置工事事務論

【問題 36】 労働安全衛生法上，酸素欠乏危険場所で作業する場合の事業者の措置に関する次の記述のうち，誤っているものはどれか。

(1) 事業者は，酸素欠乏危険作業主任者を選任しなければならない。

(2) 事業者は，作業環境測定の記録を 3 年間保存しなければならない。

(3) 事業者は，労働者を作業場所に入場及び退場させるときは，人員を点検しなければならない。

(4) 事業者は，作業場所の空気中の酸素濃度を 16 % 以上に保つように換気しなければならない。

(5) 事業者は，酸素欠乏症等にかかった労働者に，直ちに医師の診察又は処置を受けさせなければならない。

【問題 37】 建築物に設ける飲料水の配管設備に関する次の記述の正誤の組み合わせのうち，適当なものはどれか。

ア ウォーターハンマーが生ずるおそれがある場合においては，エアチャンバーを設けるなど有効なウォーターハンマー防止のための措置を講ずる。

イ 給水タンクは，衛生上有害なものが入らない構造とし，金属性のものにあっては，衛生上支障のないように有効なさび止めのための措置を講ずる。

ウ 防火対策のため，飲料水の配管と消火用の配管を直接連結する場合は，仕切弁及び逆止弁を設置するなど，逆流防止の措置を講ずる。

エ 給水タンク内部に飲料水以外の配管を設置する場合には，さや管などにより，防護措置を講ずる。

	ア	イ	ウ	エ
(1)	正	誤	正	誤
(2)	正	正	誤	誤
(3)	誤	正	正	正
(4)	誤	誤	正	正
(5)	誤	正	誤	正

【問題　38】　給水装置用材料の基準適合品の確認方法に関する次の記述の　　　　内に入る語句の組み合わせのうち，適当なものはどれか。

　給水装置用材料が使用可能か否かは，給水装置の構造及び材質の基準に関する省令に適合しているか否かであり，これを消費者，指定給水装置工事事業者，水道事業者等が判断することとなる。この判断のために製品等に表示している　ア　マークがある。

　また，制度の円滑な実施のために　イ　では製品ごとの　ウ　基準への適合性に関する情報が全国的に利用できるよう　エ　データベースを構築している。

	ア	イ	ウ	エ
(1)	認証	経済産業省	性能	水道施設
(2)	適合	厚生労働省	システム	給水装置
(3)	適合	経済産業省	システム	水道施設
(4)	認証	厚生労働省	性能	給水装置

【問題　39】　給水装置工事主任技術者に求められる知識と技能に関する次の記述のうち，不適当なものはどれか。

(1)　給水装置工事は，工事の内容が人の健康や生活環境に直結した給水装置の設置又は変更の工事であることから，設計や施工が不良であれば，その給水装置によって水道水の供給を受ける需要者のみならず，配水管への汚水の逆流の発生等により公衆衛生上大きな被害を生じさせるおそれがある。

(2)　給水装置に関しては，布設される給水管や弁類等が地中や壁中に隠れてしまうので，施工の不良を発見することも，それが発見された場合の是正も容易ではないことから，適切な品質管理が求められる。

(3)　給水条例等の名称で制定されている給水要綱には，給水装置工事に関わる事項として，適切な工事施行ができる者の指定，水道メーターの設置位置，指定給水装置工事事業者が給水装置工事を施行する際に行わなければならない手続き等が定められているので，その内容を熟知しておく必要がある。

(4)　新技術，新材料に関する知識，関係法令，条例等の制定，改廃についての知識を不断に修得するための努力を行うことが求められる。

【問題　40】　一般建設業において営業所ごとに専任する一定の資格と実務経験を有する者について，管工事業で実務経験と認定される資格等に関する次の記述のうち，<u>不適当なもの</u>はどれか。

(1)　技術士の2次試験のうち一定の部門（上下水道部門，衛生工学部門等）に合格した者

(2)　建築設備士となった後，管工事に関し1年以上の実務経験を有する者

(3)　給水装置工事主任技術者試験に合格した後，管工事に関し1年以上の実務経験を有する者

(4)　登録計装試験に合格した後，管工事に関し1年以上の実務経験を有する者

「学科試験 2」試験問題

次の注意事項を解答用紙と対比しながら声を出さずに読んで下さい。

1. 解答用紙の受験番号の確認

   解答用紙の所定欄に，あなたの受験番号が印刷してありますので，確認して下さい。記載内容に誤りがある場合は，手を上げて下さい。

2. 解答用紙への氏名及びフリガナの記入

   解答用紙の所定欄に，あなたの氏名を記入するとともに，フリガナをカタカナで記入して下さい。

3. 注意事項の表紙への受験番号及び氏名の記入

   この注意事項の表紙の所定欄に，あなたの受験番号及び氏名を記入して下さい。

4. 試験問題数及び解答時間

   学科試験 2 の試験問題数は 20 問で，解答時間は 60 分です。

5. 解答方法

(1) 解答方法はマークシート方式です。設問に適した答えを一つ選び，次の例にならって解答用紙にマーク（塗りつぶす）して下さい。

   なお，一つの試験問題で二つ以上マークすると誤りとなりますので注意して下さい。

   〔例 1〕四肢択一の問題

   　　問題 1　次のうち，日本一高い山はどれか。

   　　　　(1)　阿蘇山

   　　　　(2)　浅間山

   　　　　(3)　富士山

   　　　　(4)　槍ヶ岳

   　　正解は(3)ですから，次のように解答用紙の③をマークして下さい。

問題番号	解　答　欄			
問題 1	①	②	●	④

   〔例 2〕五肢択一の問題

   　　問題 2　次のうち，日本一大きい湖はどれか。

   　　　　(1)　霞ヶ浦

   　　　　(2)　琵琶湖

   　　　　(3)　サロマ湖

   　　　　(4)　猪苗代湖

(5)　宍道湖

正解は(2)ですから，次のように解答用紙の②をマークして下さい。

問題番号	解　答　欄
問題2	① ● ③ ④ ⑤

(2)　採点は機械によって行いますので，解答は HB の鉛筆を使用し，○の外にはみ出さないようにマークして下さい。ボールペンは使用しないで下さい。

　なお，シャープペンシルを使用する場合は，なるべくしんの太いものを使用して下さい。

　良い解答の例……●

　悪い解答の例……Ⓦ Ⓥ ⊗ ⊖ ⊖ ⊙ ✎ ●

(3)　一度マークしたところを訂正する場合は，消しゴムで消し残りのないように完全に消して下さい。なお，砂消しゴムは，解答用紙を傷つけたり，よごす恐れがありますので使用してはいけません。

　鉛筆の跡が残ったり，●のような消し方をした場合は，訂正したことにはなりませんので注意して下さい。

(4)　解答用紙は，折り曲げたり，チェックやメモ書きなどで汚したりしないように特に注意して下さい。

6.　その他の注意事項

(1)　試験問題の内容に関する質問には一切お答えしません。

(2)　解答用紙を持ち帰ることは認めません。

(3)　途中退室は試験開始 45 分後から試験終了 15 分前までの間は認めますが，その前後の途中退室は認めません。

(4)　途中退室する際には，着席したままで手を上げて下さい。

　試験監督員があなたの解答用紙を回収し，退室の指示があるまで席を立たないで下さい。

(5)　一度退室すると試験終了後，指示があるまでは再入室を認めません。

(6)　試験終了後は，試験監督員が全員の解答用紙を回収し確認作業を行いますので，試験監督員の指示があるまで席を立たないで下さい。

(7)　試験問題は，試験終了後の持ち帰りは認めますが，途中退室する際の持ち出しは認めません。

　途中退室された方が試験問題を必要とする場合は，試験終了後，再入室を許可する旨の指示を受けてから，再入室して自席のものをお持ち帰り下さい。許可するまでは再入室を認めません。

給水装置の概要

【問題　41】　給水管に関する次の記述のうち，不適当なものはどれか。

(1)　ダクタイル鋳鉄管は，鋳鉄組織中の黒鉛が球状のため，靱性に富み衝撃に強く，強度が大であり，耐久性がある。

(2)　硬質ポリ塩化ビニル管は，難燃性であるが，熱及び衝撃には比較的弱い。

(3)　ステンレス鋼鋼管は，薄肉だが，強度的に優れ，軽量化しているので取扱いが容易である。

(4)　波状ステンレス鋼管は，ステンレス鋼鋼管に波状部を施した製品で，波状部において任意の角度を形成でき，継手が少なくてすむ等の配管施工の容易さを備えている。

(5)　銅管は，アルカリに侵されず，遊離炭酸の多い水にも適している。

【問題　42】　給水装置に関する次の記述のうち，不適当なものはどれか。

(1)　給水装置として取り扱われる貯湯湯沸器は，そのほとんどが貯湯部にかかる圧力が 100 キロパスカル以下で，かつ伝熱面積が 4 m² 以下の構造のものである。

(2)　給湯用加圧装置は，貯湯湯沸器の一次側に設置し，湯圧が不足して給湯設備が満足に使用できない場合に加圧する給水用具である。

(3)　潜熱回収型給湯器は，今まで捨てられていた高温（約 200℃）の燃焼ガスを再利用し，水を潜熱で温めた後に従来の一次熱交換器で加温して温水を作り出す，従来の非潜熱回収型給湯器より高い熱効率を実現した給湯器である。

(4)　瞬間湯沸器は，給湯に連動してガス通路を開閉する機構を備え，最高 85℃ 程度まで温度を上げることができるが，通常は 40℃ 前後で使用される。

(5)　瞬間湯沸器の号数とは，水温を 25℃ 上昇させたとき 1 分間に出るお湯の量（L）の数字であり，水道水を 25℃ 上昇させ出湯したとき 1 分間に 20 L 給湯できる能力の湯沸器が 20 号である。

【問題 43】 硬質ポリ塩化ビニル管の施工上の注意点に関する次の記述のうち，不適当なものはどれか。

(1) 直射日光による劣化や温度の変化による伸縮性があるので，配管施工等において注意を要する。

(2) 接合時にはパイプ端面をしっかりと面取りし，継手だけでなくパイプ表面にも適量の接着剤を塗布し，接合後は一定時間，接合部の抜出しが発生しないよう保持する。

(3) 有機溶剤，ガソリン，灯油，油性塗料，クレオソート（木材用防腐剤），シロアリ駆除剤等に，管や継手部のゴム輪が長期接すると，管・ゴム輪は侵されて，亀裂や膨潤軟化により漏水事故や水質事故を起こすことがあるので，これらの物質と接触させない。

(4) 接着接合後，通水又は水圧試験を実施する場合，使用する接着剤の施工要領を厳守して，接着後12時間以上経過してから実施する。

【問題 44】 給水用具に関する次の記述の 内に入る語句の組み合わせのうち，適当なものはどれか。

① 甲形止水栓は，止水部が落しこま構造であり，損失水頭は極めて ア 。

② イ は，弁体が弁箱又は蓋に設けられたガイドによって弁座に対し垂直に作動し，弁体の自重で閉止の位置に戻る構造の逆止弁である。

③ ウ は，給水管内に負圧が生じたとき，逆止弁により逆流を防止するとともに逆止弁より二次側（流出側）の負圧部分へ自動的に空気を取り入れ，負圧を破壊する機能を持つ給水用具である。

④ エ は管頂部に設置し，管内に停滞した空気を自動的に排出する機能を持つ給水用具である。

	ア	イ	ウ	エ
(1)	大きい	スイング式逆止弁	吸気弁	空気弁
(2)	小さい	スイング式逆止弁	バキュームブレーカ	玉形弁
(3)	大きい	リフト式逆止弁	バキュームブレーカ	空気弁
(4)	小さい	リフト式逆止弁	吸気弁	玉形弁
(5)	大きい	スイング式逆止弁	バキュームブレーカ	空気弁

【問題　45】　給水用具に関する次の記述の正誤の組み合わせのうち,適当なものはどれか。
ア　定水位弁は,主弁に使用し,小口径ボールタップを副弁として組み合わせて使用するもので,副弁の開閉により主弁内に生じる圧力差によって開閉が円滑に行えるものである。
イ　仕切弁は,弁体が鉛直方向に上下し,全開,全閉する構造であり,全開時の損失水頭は極めて小さい。
ウ　減圧弁は,設置した給水管路や貯湯湯沸器等の水圧が設定圧力よりも上昇すると,給水管路等の給水用具を保護するために弁体が自動的に開いて過剰圧力を逃し,圧力が所定の値に降下すると閉じる機能を持っている。
エ　ボール止水栓は,弁体が球状のため90°回転で全開,全閉することのできる構造であり,全開時の損失水頭は極めて大きい。

	ア	イ	ウ	エ
(1)	誤	正	正	正
(2)	正	正	誤	誤
(3)	誤	誤	正	正
(4)	正	正	誤	正
(5)	誤	誤	誤	正

【問題　46】　給水用具に関する次の記述の正誤の組み合わせのうち,適当なものはどれか。
ア　ホース接続型水栓には,散水栓,カップリング付水栓等がある。ホース接続が可能な形状となっており,ホース接続した場合に吐水口空間が確保されない可能性があるため,水栓本体内にばね等の有効な逆流防止機能を持つ逆止弁を内蔵したものになっている。
イ　ミキシングバルブは,湯・水配管の途中に取り付けて,湯と水を混合し,設定温度の湯を吐水する給水用具であり,2ハンドル式とシングルレバー式がある。
ウ　逆止弁付メーターパッキンは,配管接合部をシールするメーター用パッキンにスプリング式の逆流防止弁を兼ね備えた構造であるが,構造が複雑で2年に1回交換する必要がある。
エ　小便器洗浄弁は,センサーで感知し自動的に水を吐出させる自動式とボタン等を操作し水を吐出させる手動式の2種類あり,手動式にはピストン式,ダイヤフラム式の二つのタイプの弁構造がある。

	ア	イ	ウ	エ
(1)	正	正	誤	誤
(2)	正	誤	誤	正
(3)	誤	誤	正	正
(4)	誤	正	正	誤

【問題 47】 給水用具に関する次の記述の正誤の組み合わせのうち,適当なものはどれか。

ア　二重式逆流防止器は,個々に独立して作動する第1逆止弁と第2逆止弁が組み込まれている。各逆止弁はテストコックによって,個々に性能チェックを行うことができる。

イ　複式逆止弁は,個々に独立して作動する二つの逆止弁が直列に組み込まれている構造の逆止弁である。弁体は,それぞればねによって弁座に押しつけられているので,二重の安全構造となっている。

ウ　吸排気弁は,給水立て管頂部に設置され,管内に負圧が生じた場合に自動的に多量の空気を吸気して給水管内の負圧を解消する機能を持った給水用具である。なお,管内に停滞した空気を自動的に排出する機能を併せ持っている。

エ　大便器洗浄弁は,大便器の洗浄に用いる給水用具であり,また,洗浄管を介して大便器に直結されるため,瞬間的に多量の水を必要とするので配管は口径 20 mm 以上としなければならない。

	ア	イ	ウ	エ
(1)	正	正	正	正
(2)	誤	正	誤	正
(3)	正	誤	正	誤
(4)	正	正	正	誤
(5)	正	誤	正	正

【問題 48】 給水用具に関する次の記述のうち,不適当なものはどれか。

(1)　ダイヤフラム式ボールタップの機構は,圧力室内部の圧力変化を利用しダイヤフラムを動かすことにより吐水,止水を行うものであり,止水間際にチョロチョロ水が流れたり絞り音が生じることがある。

(2)　単式逆止弁は,1個の弁体をばねによって弁座に押しつける構造のもので I 形と II 形がある。 I 形は逆流防止性能の維持状態を確認できる点検孔を備え, II 形は点検孔のないものである。

(3)　給水栓は,給水装置において給水管の末端に取り付けられ,弁の開閉により流量又は湯水の温度調整等を行う給水用具である。

(4)　ばね式逆止弁内蔵ボール止水栓は,弁体をばねによって押しつける逆止弁を内蔵したボール止水栓であり,全開時の損失水頭は極めて小さい。

【問題　49】　湯沸器に関する次の記述の正誤の組み合わせのうち，<u>適当なものはどれか</u>。

ア　貯湯湯沸器は，有圧のまま貯湯槽内に貯えた水を直接加熱する構造の湯沸器で，給水管に直結するので，減圧弁及び安全弁（逃し弁）の設置が必須である。

イ　電気温水器は，熱源に大気熱を利用しているため，消費電力が少ない湯沸器である。

ウ　地中熱利用ヒートポンプシステムには，地中の熱を間接的に利用するオープンループと，地下水の熱を直接的に利用するクローズドループがある。

エ　太陽熱利用貯湯湯沸器のうち，太陽集熱装置系と水道系が蓄熱槽内で別系統になっている二回路型と，太陽集熱装置系内に水道水が循環する水道直結型は，給水用具に該当する。

	ア	イ	ウ	エ
(1)	正	正	誤	正
(2)	誤	誤	正	誤
(3)	誤	正	誤	誤
(4)	正	誤	正	正
(5)	正	誤	誤	正

【問題　50】　浄水器に関する次の記述の　　　　内に入る語句の組み合わせのうち，<u>適当なものはどれか</u>。

浄水器は，水栓の流入側に取り付けられ常時水圧が加わる　ア　式と，水栓の流出側に取り付けられ常時水圧が加わらない　イ　式がある。

　イ　式については，浄水器と水栓が一体として製造・販売されているもの（ビルトイン型又はアンダーシンク型）は給水用具に該当　ウ　。浄水器単独で製造・販売され，消費者が取付けを行うもの（給水栓直結型及び据え置き型）は給水用具に該当　エ　。

	ア	イ	ウ	エ
(1)	先止め	元止め	する	しない
(2)	先止め	元止め	しない	する
(3)	元止め	先止め	する	しない
(4)	元止め	先止め	しない	する

【問題　51】　直結加圧形ポンプユニットに関する次の記述のうち，<u>不適当なものはどれか。</u>

(1)　製品規格としては，JWWA B 130 : 2005（水道用直結加圧形ポンプユニット）があり，対象口径は 20 mm～75 mm である。

(2)　逆流防止装置は，ユニットの構成外機器であり，通常，ユニットの吸込側に設置するが，吸込圧力を十分確保できない場合は，ユニットの吐出側に設置してもよい。

(3)　ポンプを複数台設置し，1台が故障しても自動切替えにより給水する機能や運転の偏りがないように自動的に交互運転する機能等を有していることを求めている。

(4)　直結加圧形ポンプユニットの圧力タンクは，停電によりポンプが停止したときに水を供給するためのものである。

(5)　直結加圧形ポンプユニットは，メンテナンスが必要な機器であるので，その設置位置は，保守点検及び修理を容易に行うことができる場所とし，これに要するスペースを確保する必要がある。

【問題　52】　水道メーターに関する次の記述の正誤の組み合わせのうち，<u>適当なものはどれか。</u>

ア　水道メーターの計量方法は，流れている水の流速を測定して流量に換算する流速式（推測式）と，水の体積を測定する容積式（実測式）に分類される。わが国で使用されている水道メーターは，ほとんどが流速式である。

イ　水道メーターは，許容流量範囲を超えて水を流すと，正しい計量ができなくなるおそれがあるため，適正使用流量範囲，瞬時使用の許容流量等に十分留意して水道メーターの呼び径を決定する必要がある。

ウ　可逆式の水道メーターは，正方向と逆方向からの通過水量を計量する計量室を持っており，正方向は加算，逆方向は減算する構造である。

エ　料金算定の基礎となる水道メーターは，計量法に定める特定計量器の検定に合格したものを設置する。検定有効期間が 8 年間である。

	ア	イ	ウ	エ
(1)	誤	正	誤	正
(2)	正	正	誤	誤
(3)	正	正	誤	正
(4)	誤	誤	正	誤
(5)	正	正	正	正

【問題　53】　水道メーターに関する次の記述の正誤の組み合わせのうち，<u>適当なもの</u><u>はどれか</u>。

ア　たて形軸流羽根車式は，メーターケースに流入した水流が，整流器を通って，垂直に設置された螺旋状羽根車に沿って流れ，水の流れがメーター内で迂流するため損失水頭が小さい。

イ　水道メーターの表示機構部の表示方式は，計量値をアナログ表示する円読式と，計量値をデジタル表示する直読式がある。

ウ　電磁式水道メーターは，羽根車に永久磁石を取り付けて，羽根車の回転を磁気センサーで電気信号として検出し，集積回路により演算処理して，通過水量を液晶表示する方式である。

エ　接線流羽根車式水道メーターは，計量室内に設置された羽根車に噴射水流を当て，羽根車を回転させて通過流量を積算表示する構造である。

	ア	イ	ウ	エ
(1)	正	正	誤	正
(2)	正	誤	誤	正
(3)	誤	正	正	誤
(4)	正	誤	正	誤
(5)	誤	正	誤	正

【問題　54】　給水用具の故障と対策に関する次の記述のうち，<u>不適当なものはどれか</u>。

(1)　水栓を開閉する際にウォーターハンマーが発生するので原因を調査した。その結果，水圧が高いことが原因であったので，減圧弁を設置した。

(2)　ピストン式定水位弁の故障で水が出なくなったので原因を調査した。その結果，ストレーナーに異物が詰まっていたので，新品のピストン式定水位弁と取り替えた。

(3)　大便器洗浄弁から常に大量の水が流出していたので原因を調査した。その結果，ピストンバルブの小孔が詰まっていたので，ピストンバルブを取り外し，小孔を掃除した。

(4)　小便器洗浄弁の吐水量が少なかったので原因を調査した。その結果，調節ねじが閉め過ぎだったので，調節ねじを左に回して吐水量を増やした。

(5)　ダイヤフラム式ボールタップ付ロータンクのタンク内の水位が上がらなかったので原因を調査した。その結果，排水弁のパッキンが摩耗していたので，排水弁のパッキンを交換した。

【問題　55】　給水用具の故障と対策に関する次の記述の正誤の組み合わせのうち，適当なものはどれか。

ア　ボールタップ付ロータンクの故障で水が止まらないので原因を調査した。その結果，弁座への異物のかみ込みがあったので，新しいフロート弁に交換した。

イ　ダイヤフラム式定水位弁の水が止まらないので原因を調査した。その結果，主弁座への異物のかみ込みがあったので，主弁の分解と清掃を行った。

ウ　小便器洗浄弁で少量の水が流れ放しであったので原因を調査した。その結果，ピストンバルブと弁座の間への異物のかみ込みがあったので，ピストンバルブを取り外し，異物を除いた。

エ　受水槽のオーバーフロー管から常に水が流れていたので原因を調査した。その結果，ボールタップの弁座が損傷していたので，パッキンを取り替えた。

```
        ア    イ    ウ    エ
(1)    誤    正    正    誤
(2)    正    誤    誤    正
(3)    誤    正    誤    正
(4)    正    誤    正    誤
(5)    誤    誤    正    正
```

給水装置施工管理法

【問題　56】　給水装置工事の施工管理に関する次の記述の正誤の組み合わせのうち，適当なものはどれか。

ア　施工計画書には，現地調査，水道事業者等との協議に基づき，作業の責任を明確にした施工体制，有資格者名簿，施工方法，品質管理項目及び方法，安全対策，緊急時の連絡体制と電話番号，実施工程表等を記載する。

イ　水道事業者，需要者（発注者）等が常に施工状況の確認ができるよう必要な資料，写真の取りまとめを行っておく。

ウ　施工に当たっては，施工計画書に基づき適正な施工管理を行う。具体的には，施工計画に基づく工程，作業時間，作業手順，交通規制等に沿って工事を施工し，必要の都度工事目的物の品質確認を実施する。

エ　工事の過程において作業従事者，使用機器，施工手順，安全対策等に変更が生じたときは，その都度施工計画書を修正し，工事従事者に通知する。

	ア	イ	ウ	エ
(1)	誤	正	正	正
(2)	正	誤	正	誤
(3)	誤	正	誤	正
(4)	誤	正	正	誤
(5)	正	正	正	正

【問題　57】　給水装置工事における工程管理に関する次の記述のうち，<u>不適当なもの</u>はどれか。

(1)　給水装置工事主任技術者は，常に工事の進行状況について把握し，施工計画時に作成した工程表と実績とを比較して工事の円滑な進行を図る。

(2)　配水管を断水して給水管を分岐する工事は，水道事業者との協議に基づいて，断水広報等を考慮した断水工事日を基準日として天候等を考慮した工程を組む。

(3)　契約書に定めた工期内に工事を完了するため，図面確認による水道事業者，建設業者，道路管理者，警察署等との調整に基づき工程管理計画を作成する。

(4)　工程管理を行うための工程表には，バーチャート，ネットワーク等がある。

【問題　58】　給水装置工事における使用材料に関する次の記述の　　　　内に入る語句の組み合わせのうち，<u>適当なものはどれか</u>。

　　水道事業者は，　ア　による給水装置の損傷を防止するとともに，給水装置の損傷の復旧を迅速かつ適切に行えるようにするために，　イ　から　ウ　までの間の給水装置に用いる給水管及び給水用具について，その構造及び材質等を指定する場合がある。したがって，給水装置工事を受注した場合は，　イ　から　ウ　までの使用材料について水道事業者　エ　必要がある。

	ア	イ	ウ	エ
(1)	災害等	配水管への取付口	水道メーター	に確認する
(2)	災害等	宅地内	水道メーター	の承認を得る
(3)	品質不良	配水管への取付口	末端の給水器具	の承認を得る
(4)	品質不良	宅地内	水道メーター	の承認を得る
(5)	災害等	配水管への取付口	末端の給水器具	に確認する

【問題 59】 公道における給水装置工事の安全管理に関する次の記述の正誤の組み合わせのうち，適当なものはどれか。

ア 工事中，火気に弱い埋設物又は可燃性物質の輸送管等の埋設物に接近する場合は，溶接機，切断機等火気を伴う機械器具を使用しない。ただし，やむを得ない場合は，所管消防署と協議し，保安上必要な措置を講じてから使用する。

イ 工事の施行に当たっては，地下埋設物の有無を十分に調査するとともに，近接する埋設物がある場合は，道路管理者に立会いを求めその位置を確認し，埋設物に損傷を与えないよう注意する。

ウ 工事の施行に当たって掘削部分に各種埋設物が露出する場合には，防護協定などを遵守して措置し，当該埋設物管理者と協議のうえで適切な表示を行う。

エ 工事中，予期せぬ地下埋設物が見つかり，その管理者がわからないときには，安易に不明埋設物として処理するのではなく，関係機関に問い合わせるなど十分な調査を経て対応する。

```
      ア    イ    ウ    エ
(1)   誤    正    誤    正
(2)   誤    正    誤    誤
(3)   誤    誤    正    正
(4)   正    正    誤    正
(5)   正    誤    正    誤
```

【問題 60】 次のア～オの記述のうち，公衆災害に該当する組み合わせとして，適当なものはどれか。

ア 水道管を毀損したため，断水した。
イ 交通整理員が交通事故に巻き込まれ，死亡した。
ウ 作業員が掘削溝に転落し，負傷した。
エ 工事現場の仮舗装が陥没し，そこを通行した自転車が転倒し，負傷した。
オ 建設機械が転倒し，作業員が負傷した。

(1) アとウ
(2) アとエ
(3) イとエ
(4) イとオ
(5) ウとオ

令和2年度
給水装置工事主任技術者試験

「学科試験1」 試験問題

次の注意事項を解答用紙と対比しながら声を出さずに読んで下さい。

1. 解答用紙の受験番号の確認

   解答用紙の所定欄に，あなたの受験番号が印刷してありますので，確認して下さい。

   記載内容に誤りがある場合は，手を上げて下さい。

2. 解答用紙への氏名及びフリガナの記入

   解答用紙の所定欄に，あなたの氏名を記入するとともに，フリガナをカタカナで記入して下さい。

3. 注意事項の表紙への受験番号及び氏名の記入

   この注意事項の表紙の所定欄に，あなたの受験番号及び氏名を記入して下さい。

4. 試験問題数及び解答時間

   学科試験1の試験問題数は40問で，解答時間は150分です。

5. 解答方法

(1) 解答方法はマークシート方式です。質問に適した答えを一つ選び，次の例にならって解答用紙にマーク（塗りつぶす）して下さい。

   なお，一つの試験問題で二つ以上マークすると誤りとなりますので注意して下さい。

〔例1〕 四肢択一の問題

   問題1　次のうち，日本一高い山はどれか。

   (1) 阿蘇山

   (2) 浅間山

   (3) 富士山

   (4) 槍ヶ岳

   正解は(3)ですから，次のように解答用紙の③をマークして下さい。

問題番号	解 答 欄			
問題1	①	②	●	④

〔例2〕　五肢択一の問題

問題2　次のうち、日本一大きい湖はどれか。

(1)　霞ヶ浦

(2)　琵琶湖

(3)　サロマ湖

(4)　猪苗代湖

(5)　宍道湖

正解は(2)ですから、次のように解答用紙の ② をマークして下さい。

問題番号	解　答　欄
問題1	①　●　③　④

(2)　採点は機械によって行いますので，解答は HB の鉛筆を使用し，○の外にはみ出さないようにマークして下さい。ボールペンは使用しないで下さい。

なお，シャープペンシルを使用する場合は，なるべく芯の太いものを使用して下さい。

良い解答の例……●

悪い解答の例……Ⓦ Ⓥ ⊗ ⊖ ⊙ ◓ ●

(3)　一度マークしたところを訂正する場合は，消しゴムで消し残りのないように完全に消して下さい。なお，砂消しゴムは，解答用紙を傷つけたり，よごす恐れがありますので使用してはいけません。

鉛筆の跡が残ったり，●のような消し方をした場合は，訂正したことにはなりませんので注意して下さい。

(4)　解答用紙は，折り曲げたり，チェックやメモ書きなどで汚したりしないように特に注意して下さい。

6.　その他の注意事項

(1)　試験問題の内容に関する質問には一切お答えしません。

(2)　解答用紙を持ち帰ることは認めません。

(3)　途中退室は試験開始45分後から試験終了15分前までの間は認めますが，その前後の途中退室は認めません。

(4)　途中退室する際には，着席したままで手を上げて下さい。

監督員があなたの解答用紙を回収し，退室の指示があるまで席を立たないで下さい。

(5)　一度退室すると試験終了後，指示があるまで再入室できません。

(6)　試験終了後は，試験監督員が全員の解答用紙を回収し確認作業を行いますので，試験監督員の指示があるまで席を立たないで下さい。

(7)　試験問題は，試験終了後の持ち帰りは認めますが，途中退室する際の持ち出しは認めません。

途中退室された方が試験問題を必要とする場合は，試験終了後，再入室を許可する旨の指示を受けてから，再入室して自席のものをお持ち帰り下さい。許可するまでは再入室を認めません。

公衆衛生概論

【問題　1】　化学物質の飲料水への汚染原因と影響に関する次の記述のうち, <u>不適当なものはどれか</u>。
- (1)　水道原水中の有機物と浄水場で注入される凝集剤とが反応し, 浄水処理や給配水の過程で, 発がん性物質として疑われるトリハロメタン類が生成する。
- (2)　ヒ素の飲料水への汚染は, 地質, 鉱山排水, 工場排水等に由来する。海外では, 飲料用の地下水や河川水がヒ素に汚染されたことによる, 慢性中毒症が報告されている。
- (3)　鉛製の給水管を使用すると, 鉛は pH 値やアルカリ度が低い水に溶出しやすく, 体内への蓄積により毒性を示す。
- (4)　硝酸態窒素及び亜硝酸態窒素は, 窒素肥料, 家庭排水, 下水等に由来する。乳幼児が経口摂取することで, 急性影響としてメトヘモグロビン血症によるチアノーゼを引き起こす。

【問題　2】　水道の利水障害(日常生活での水利用への差し障り)とその原因物質に関する次の組み合わせのうち, <u>不適当なものはどれか</u>。

利水障害	原因物質
(1)　泡だち	界面活性剤
(2)　味	亜鉛, 塩素イオン
(3)　カビ臭	アルミニウム, フッ素
(4)　色	鉄, マンガン

【問題　3】　残留塩素と消毒効果に関する次の記述のうち, <u>不適当なものはどれか</u>。
- (1)　残留塩素とは, 消毒効果のある有効塩素が水中の微生物を殺菌消毒したり, 有機物を酸化分解した後も水中に残留している塩素のことである。
- (2)　給水栓における水は, 遊離残留塩素が 0.4 mg/L 以上又は結合残留塩素が 0.1 mg/L 以上を保持していなくてはならない。
- (3)　塩素系消毒剤として使用されている次亜塩素酸ナトリウムは, 光や温度の影響を受けて徐々に分解し, 有効塩素濃度が低下する。
- (4)　残留塩素濃度の測定方法の一つとして, ジエチル-p-フェニレンジアミン(DPD)と反応して生じる桃～桃赤色を標準比色液と比較して測定する方法がある。

水道行政

【問題 4】 水質管理に関する次の記述のうち, 不適当なものはどれか。
 ⑴ 水道事業者は, 毎事業年度の開始前に水質検査計画を策定しなければならない。
 ⑵ 水道事業者は, 供給される水の色及び濁り並びに消毒の残留効果に関する検査を, 3日に1回以上行わなければならない。
 ⑶ 水道事業者は, 水質基準項目に関する検査を, 項目によりおおむね1カ月に1回以上, 又は3カ月に1回以上行わなければならない。
 ⑷ 水道事業者は, その供給する水が人の健康を害するおそれのあることを知ったときは, 直ちに給水を停止し, かつ, その水を使用することが危険である旨を関係者に周知させる措置を講じなければならない。
 ⑸ 水道事業者は, 水道の取水場, 浄水場又は配水池において業務に従事している者及びこれらの施設の設置場所の構内に居住している者について, 厚生労働省令の定めるところにより, 定期及び臨時の健康診断を行わなければならない。

【問題 5】 簡易専用水道の管理基準に関する次の記述のうち, 不適当なものはどれか。
 ⑴ 水槽の掃除を2年に1回以上定期に行う。
 ⑵ 有害物や汚水等によって水が汚染されるのを防止するため, 水槽の点検等を行う。
 ⑶ 給水栓により供給する水に異常を認めたときは, 必要な水質検査を行う。
 ⑷ 供給する水が人の健康を害するおそれがあることを知ったときは, 直ちに給水を停止する。

【問題 6】 平成30年に一部改正された水道法に関する次の記述のうち, 不適当なものはどれか。
 ⑴ 国, 都道府県及び市町村は水道の基盤の強化に関する施策を策定し, 推進又は実施するよう努めなければならない。
 ⑵ 国は広域連携の推進を含む水道の基盤を強化するための基本方針を定め, 都道府県は基本方針に基づき, 関係市町村及び水道事業者等の同意を得て, 水道基盤強化計画を定めることができる。
 ⑶ 水道事業者は, 水道施設を適切に管理するための水道施設台帳を作成, 保管しなければならない。
 ⑷指定給水装置工事事業者の5年更新制度が導入されたことに伴って, その指定給水装置工事事業者が選任する給水装置工事主任技術者も5年ごとに更新を受けなければならない。

【問題 7】 指定給水装置工事事業者の5年ごとの更新時に，水道事業者が確認することが望ましい事項に関する次の記述の正誤の組み合わせのうち，<u>適当なものはどれか</u>。
ア 指定給水装置工事事業者の講習会の受講実績
イ 指定給水装置工事事業者の受注実績
ウ 給水装置工事主任技術者等の研修会の受講状況
エ 適切に作業を行うことができる技能を有する者の従事状況

	ア	イ	ウ	エ
(1)	正	誤	正	正
(2)	誤	正	正	誤
(3)	正	誤	正	誤
(4)	誤	誤	誤	正

【問題 8】 水道法第14条の供給規程に関する次の記述の正誤の組み合わせのうち，<u>適当なものはどれか</u>。
ア 水道事業者は，料金，給水装置工事の費用の負担区分その他の供給条件について，供給規程を定めなければならない。
イ 水道事業者は，供給規程を，その実施の日以降に速やかに一般に周知させる措置をとらなければならない。
ウ 供給規程は，特定の者に対して不当な差別的取扱いをするものであってはならない。
エ 専用水道が設置される場合においては，専用水道に関し，水道事業者及び当該専用水道の設置者の責任に関する事項が，供給規程に適正，かつ，明確に定められている必要がある。

	ア	イ	ウ	エ
(1)	正	正	誤	誤
(2)	誤	正	正	誤
(3)	正	誤	正	正
(4)	誤	正	誤	正
(5)	正	誤	正	誤

【問題 9】 水道法第15条の給水義務に関する次の記述の正誤の組み合わせのうち，<u>適当なものはどれか。</u>

ア　水道事業者は，当該水道により給水を受ける者が正当な理由なしに給水装置の検査を拒んだときには，供給規程の定めるところにより，その者に対する給水を停止することができる。

イ　水道事業者は，災害その他正当な理由があってやむを得ない場合には，給水区域の全部又は一部につきその間給水を停止することができる。

ウ　水道事業者は，事業計画に定める給水区域外の需要者から給水契約の申込みを受けたとしても，これを拒んではならない。

エ　水道事業者は，給水区域内であっても配水管が未布設である地区からの給水の申込みがあった場合，配水管が布設されるまでの期間の給水契約の拒否等，正当な理由がなければ，給水契約を拒むことはできない。

	ア	イ	ウ	エ
(1)	誤	正	正	誤
(2)	正	正	誤	正
(3)	正	誤	誤	正
(4)	誤	正	誤	正
(5)	正	誤	正	誤

給水装置工事法

【問題 10】 水道法施行規則第36条の指定給水装置工事事業者の事業の運営に関する次の記述の　　　内に入る語句の組み合わせのうち，<u>正しいものはどれか。</u>

　法施行規則第36条第1項第2号における「適切に作業を行うことができる技能を有する者」とは，配水管への分水栓の取付け，配水管の穿孔，給水管の接合等の配水管から給水管を分岐する工事に係る作業及び当該分岐部分から ア までの配管工事に係る作業について，配水管その他の地下埋設物に変形，破損その他の異常を生じさせることがないよう，適切な イ ， ウ ，地下埋設物の エ の方法を選択し，正確な作業を実施することができる者をいう。

	ア	イ	ウ	エ
(1)	水道メーター	資機材	工法	防護
(2)	止水栓	材料	工程	防護
(3)	水道メーター	材料	工程	移設
(4)	止水栓	資機材	工法	移設

【問題 **11**】 配水管からの給水管の取出し方法に関する次の記述のうち，<u>不適当なものはどれか。</u>

(1) サドル付分水栓によるダクタイル鋳鉄管の分岐穿孔に使用するドリルは，モルタルライニング管の場合とエポキシ樹脂粉体塗装管の場合とで形状が異なる。

(2) サドル付分水栓の穿孔作業に際し，サドル付分水栓の吐水部へ排水ホースを連結させ，ホース先端は下水溝などへ直接接続し確実に排水する。

(3) ダクタイル鋳鉄管に装着する防食コアは非密着形と密着形があるが，挿入機は製造業者及び機種等により取扱いが異なるので，必ず取扱説明書をよく読んで器具を使用する。

(4) 割T字管は，配水管の管軸水平部にその中心がくるように取付け，給水管の取出し方向及び割T字管が管水平方向から見て傾きがないか確認する。

【問題 **12**】 サドル付分水栓穿孔工程に関する(1)から(5)までの手順の記述のうち，不適当なものはどれか。

(1) 配水管がポリエチレンスリーブで被覆されている場合は，サドル付分水栓取付け位置の中心線より20cm程度離れた両位置を固定用ゴムバンド等により固定してから，中心線に沿って切り開き，固定した位置まで折り返し，配水管の管肌をあらわす。

(2) サドル付分水栓のボルトナットの締め付けは，全体に均一になるように行う。

(3) サドル付分水栓の頂部のキャップを取外し，弁（ボール弁又はコック）の動作を確認してから弁を全閉にする。

(4) サドル付分水栓の頂部に穿孔機を静かに載せ，サドル付分水栓と一体となるように固定する。

(5) 穿孔作業は，刃先が管面に接するまでハンドルを静かに回転させ，穿孔を開始する。最初はドリルの芯がずれないようにゆっくりとドリルを下げる。

【問題 13】 給水管の埋設深さ及び占用位置に関する次の記述の 内に入る語句の組み合わせのうち, 正しいものはどれか。

道路法施行令第 11 条の 3 第 1 項第 2 号ロでは,埋設深さについて「水管又はガス管の本線の頂部と路面との距離が ア (工事実施上やむを得ない場合にあっては イ) を超えていること」と規定されている。しかし,他の埋設物との交差の関係等で,土被りを標準又は規定値まで取れない場合は, ウ と協議することとし,必要な防護措置を施す。

宅地内における給水管の埋設深さは,荷重,衝撃等を考慮して エ 以上を標準とする。

	ア	イ	ウ	エ
(1)	1.5 m	0.9 m	道路管理者	0.5 m
(2)	1.2 m	0.9 m	水道事業者	0.5 m
(3)	1.2 m	0.6 m	道路管理者	0.3 m
(4)	1.5 m	0.6 m	水道事業者	0.3 m
(5)	1.2 m	0.9 m	道路管理者	0.5 m

【問題 14】 給水管の明示に関する次の記述のうち, 不適当なものはどれか。

(1) 道路部分に布設する口径 75 mm 以上の給水管に明示テープを設置する場合は,明示テープに埋設物の名称,管理者,埋設年度を表示しなければならない。

(2) 宅地部分に布設する給水管の位置については,維持管理上必要がある場合には,明示杭等によりその位置を明示することが望ましい。

(3) 掘削機械による埋設物の毀損事故を防止するため,道路内に埋設する際は水道事業者の指示により,指定された仕様の明示シートを指示された位置に設置する。

(4) 水道事業者によっては,管の天端部に連続して明示テープを設置することを義務付けている場合がある。

(5)明示テープの色は,水道管は青色,ガス管は黄色,下水道管は緑色とされている。

【問題 15】 水道メーターの設置に関する次の記述の正誤の組み合わせのうち, 適当なものはどれか。

ア 水道メーターの呼び径が 13〜40 mm の場合は,金属製,プラスチック製又はコンクリート製等のメーターボックス (ます) とする。

イ メーターボックス (ます) 及びメーター室は,水道メーター取替え作業が容易にできる大きさとし,交換作業の支障になるため,止水栓を設置してはならない。

ウ 水道メーターの設置に当たっては,メーターに表示されている流水方向の矢印を確認した上で水平に取り付ける。

エ　新築の集合住宅等の各戸メーターの設置には，メーターバイパスユニットを使用する建物が多くなっている。

	ア	イ	ウ	エ
(1)	誤	正	誤	正
(2)	正	誤	正	誤
(3)	誤	誤	正	誤
(4)	正	正	誤	正
(5)	正	誤	正	正

【問題　16】　給水装置の異常現象に関する次の記述のうち，不適当なものはどれか。

(1)　既設給水管に亜鉛めっき鋼管が使用されていると，内部に赤錆が発生しやすく，年月を経るとともに給水管断面が小さくなるので出水不良を起こすおそれがある。

(2)　水道水が赤褐色になる場合は，水道管内の錆が剥離・流出したものである。

(3)　配水管の工事等により断水すると，通水の際スケール等が水道メーターのストレーナに付着し出水不良となることがあるので，この場合はストレーナを清掃する。

(4)　配水管工事の際に水道水に砂や鉄粉が混入した場合，給水用具を損傷することもあるので，まず給水栓を取り外して，管内からこれらを除去する。

(5)　水道水から黒色の微細片が出る場合，止水栓や給水栓に使われているパッキンのゴムやフレキシブル管の内層部の樹脂等が劣化し，栓の開閉を行った際に細かく砕けて出てくるのが原因だと考えられる。

【問題　17】　配管工事の留意点に関する次の記述のうち，不適当なものはどれか。

(1)　地階あるいは2階以上に配管する場合は，原則として各階ごとに逆止弁を設置する。

(2)　行き止まり配管の先端部，水路の上越し部，鳥居配管となっている箇所等のうち，空気溜まりを生じるおそれがある場所などで空気弁を設置する。

(3)　給水管を他の埋設管に近接して布設すると，漏水によるサンドブラスト（サンドエロージョン）現象により他の埋設管に損傷を与えるおそれがあることなどのため，原則として30 cm以上離隔を確保し配管する。

(4)　高水圧を生じるおそれのある場所には，減圧弁を設置する。

(5)　宅地内の配管は，できるだけ直線配管とする。

【問題 18】 消防法の適用を受けるスプリンクラーに関する次の記述のうち，<u>不適当なものはどれか</u>。

⑴ 水道直結式スプリンクラー設備の工事は，水道法に定める給水装置工事として指定給水装置工事事業者が施工する。

⑵ 災害その他正当な理由によって，一時的な断水や水圧低下等により水道直結式スプリンクラー設備の性能が十分発揮されない状況が生じても水道事業者に責任がない。

⑶ 湿式配管による水道直結式スプリンクラー設備は，停滞水が生じないよう日常生活において常時使用する水洗便器や台所水栓等の末端給水栓までの配管途中に設置する。

⑷ 乾式配管による水道直結式スプリンクラー設備は，給水管の分岐から電動弁までの間の停滞水をできるだけ少なくするため，給水管分岐部と電動弁との間を短くすることが望ましい。

⑸ 水道直結式スプリンクラー設備の設置に当たり，分岐する配水管からスプリンクラーヘッドまでの水理計算及び給水管，給水用具の選定は，給水装置工事主任技術者が行う。

【問題 19】 給水管の配管工事に関する次の記述のうち，<u>不適当なものはどれか</u>。

⑴ 水道用ポリエチレン二層管（1種管）の曲げ半径は，管の外径の 25 倍以上とする。

⑵ 水道配水用ポリエチレン管の曲げ半径は，長尺管の場合には外径の 30 倍以上，5 m 管と継手を組み合わせて施工の場合には外径の 75 倍以上とする。

⑶ ステンレス鋼鋼管を曲げて配管するとき，継手の挿し込み寸法等を考慮して，曲がりの始点又は終点からそれぞれ 10 cm 以上の直管部分を確保する。

⑷ ステンレス鋼鋼管を曲げて配管するときの曲げ半径は，管軸線上において，呼び径の 10 倍以上とする。

給水装置の構造及び性能

【問題 20】 水道法第 17 条（給水装置の検査）の次の記述において ［　　　］ 内に入る語句の組み合わせのうち，<u>正しいものはどれか</u>。

　水道事業者は，［ ア ］，その職員をして，当該水道によって水の供給を受ける者の土地又は建物に立ち入り，給水装置を検査させることができる。ただし，人の看守し，若しくは人の住居に使用する建物又は ［ イ ］ に立ち入るときは，その看守者，居住者又は ［ ウ ］ の同意を得なければならない。

	ア	イ	ウ
⑴	年末年始以外に限り	閉鎖された門内	土地又は建物の所有者
⑵	日出後日没前に限り	施錠された門内	土地又は建物の所有者
⑶	年末年始以外に限り	施錠された門内	これらに代るべき者
⑷	日出後日没前に限り	閉鎖された門内	これらに代るべき者

【問題　21】　給水装置の構造及び材質の基準に関する次の記述のうち，不適当なものはどれか。
⑴　最終の止水機構の流出側に設置される給水用具は，高水圧が加わらないことなどから耐圧性能基準の適用対象から除外されている。
⑵　パッキンを水圧で圧縮することにより水密性を確保する構造の給水用具は，耐圧性能試験により0.74メガパスカルの静水圧を1分間加えて異常が生じないこととされている。
⑶　給水装置は，厚生労働大臣が定める耐圧に関する試験により1.75メガパスカルの静水圧を1分間加えたとき，水漏れ，変形，破損その他の異常を生じないこととされている。
⑷　家屋の主配管は，配管の経路について構造物の下の通過を避けること等により漏水時の修理を容易に行うことができるようにしなければならない。

【問題　22】　配管工事後の耐圧試験に関する次の記述のうち，不適当なものはどれか。
⑴　配管工事後の耐圧試験の水圧は，水道事業者が給水区域内の実情を考慮し，定めることができる。
⑵　給水装置の接合箇所は，水圧に対する充分な耐力を確保するためにその構造及び材質に応じた適切な接合が行われているものでなければならない。
⑶　水道用ポリエチレン二層管，水道給水用ポリエチレン管，架橋ポリエチレン管，ポリブテン管の配管工事後の耐圧試験を実施する際は，管が膨張し圧力が低下することに注意しなければならない。
⑷　配管工事後の耐圧試験を実施する際は，分水栓，止水栓等止水機能のある給水用具の弁はすべて「閉」状態で実施する。
⑸　配管工事後の耐圧試験を実施する際は，加圧圧力や加圧時間を適切な大きさ，長さにしなくてはならない。過大にすると柔軟性のある合成樹脂管や分水栓等の給水用具を損傷するおそれがある。

【問題 23】 給水装置の浸出性能基準に関する次の記述の正誤の組み合わせのうち，適当なものはどれか。

ア 浸出性能基準は，給水装置から金属等が浸出し，飲用に供される水が汚染されることを防止するためのものである。

イ 金属材料の浸出性能試験は，最終製品で行う器具試験のほか，部品試験や材料試験も選択することができる。

ウ 浸出性能基準の適用対象外の給水用具の例として，ふろ用の水栓，洗浄便座，ふろ給湯専用の給湯機があげられる。

エ 営業用として使用される製氷機は，給水管との接続口から給水用具内の水受け部への吐水口までの間の部分について評価を行えばよい。

	ア	イ	ウ	エ
(1)	正	正	誤	正
(2)	正	誤	正	正
(3)	誤	誤	誤	正
(4)	正	正	正	誤
(5)	誤	正	誤	誤

【問題 24】 水撃作用の防止に関する次の記述の正誤の組み合わせのうち，適当なものはどれか。

ア 水撃作用の発生により，給水管に振動や異常音がおこり，頻繁に発生すると管の破損や継手の緩みを生じ，漏水の原因ともなる。

イ 空気が抜けにくい鳥居配管がある管路は水撃作用が発生するおそれがある。

ウ 水撃作用の発生のおそれのある箇所には，その直後に水撃防止器具を設置する。

エ 水槽にボールタップで給水する場合は，必要に応じて波立ち防止板などを設置することが水撃作用の防止に有効である。

	ア	イ	ウ	エ
(1)	正	誤	誤	正
(2)	正	正	誤	正
(3)	誤	正	正	誤
(4)	誤	誤	正	誤
(5)	正	誤	正	正

【問題 25】 給水装置の逆流防止に関する次の記述のうち，不適当なものはどれか。

(1) 水が逆流するおそれのある場所に，給水装置の構造及び材質の基準に関する省令に適合したバキュームブレーカを設置する場合は，水受け容器の越流面の上方

150 mm 以上の位置に設置する。

(2) 吐水口を有する給水装置から浴槽に給水する場合は，越流面からの吐水口空間は 50 mm 以上を確保する。

(3) 吐水口を有する給水装置からプール等の波立ちやすい水槽に給水する場合は，越流面からの吐水口空間は 100 mm 以上を確保する。

(4) 逆止弁は，逆圧により逆止弁の二次側の水が一次側に逆流するのを防止する給水用具である。

【問題　26】　寒冷地における凍結防止対策として設置する水抜き用の給水用具の設置に関する次の記述のうち，不適当なものはどれか。

(1) 水抜き用の給水用具は水道メーター上流側に設置する。

(2) 水抜き用の給水用具の排水口付近には，水抜き用浸透ますの設置又は切込砂利等により埋戻し，排水を容易にする。

(3) 汚水ます等に直接接続せず，間接排水とする。

(4) 水抜き用の給水用具以降の配管は，できるだけ鳥居配管やU字形の配管を避ける。

(5) 水抜き用の給水用具以降の配管が長い場合には，取外し可能なユニオン，フランジ等を適切な箇所に設置する。

【問題　27】　給水装置の耐寒に関する基準に関する次の記述において，[　　]内に入る数値の組み合わせのうち，正しいものはどれか。

屋外で気温が著しく低下しやすい場所その他凍結のおそれのある場所に設置されている給水装置のうち，減圧弁，逃し弁，逆止弁，空気弁及び電磁弁にあっては，厚生労働大臣が定める耐久に関する試験により[　ア　]万回の開閉操作を繰り返し，かつ，厚生労働大臣が定める耐寒に関する試験により[　イ　]度プラスマイナス[　ウ　]度の温度で[　エ　]時間保持した後通水したとき，当該給水装置に係る耐圧性能，水撃限界性能，逆流防止性能及び負圧破壊性能を有するものでなければならないとされている。

	ア	イ	ウ	エ
(1)	1	0	5	1
(2)	1	−20	2	2
(3)	10	−20	2	1
(4)	10	0	2	2
(5)	10	0	5	1

【問題 28】 飲用に供する水の汚染防止に関する次の記述の正誤の組み合わせのうち，適当なものはどれか。

ア 末端部が行き止まりとなる配管が生じたため，その末端部に排水機構を設置した。

イ シアンを扱う施設に近接した場所であったため，ライニング鋼管を用いて配管した。

ウ 有機溶剤が浸透するおそれのある場所であったため，硬質ポリ塩化ビニル管を使用した。

エ 配管接合用シール材又は接着剤は，これらの物質が水道水に混入し，油臭，薬品臭等が発生する場合があるので，必要最小限の量を使用した。

	ア	イ	ウ	エ
(1)	誤	誤	正	誤
(2)	誤	正	正	誤
(3)	正	誤	正	正
(4)	正	誤	誤	正
(5)	正	正	誤	正

【問題 29】 クロスコネクションに関する次の記述の正誤の組み合わせのうち，適当なものはどれか。

ア クロスコネクションは，水圧状況によって給水装置内に工業用水，排水，ガス等が逆流するとともに，配水管を経由して他の需要者にまでその汚染が拡大する非常に危険な配管である。

イ 給水管と井戸水配管の間に逆流を防止するための逆止弁を設置すれば直接連結してもよい。

ウ 給水装置と受水槽以下の配管との接続はクロスコネクションではない。

エ 一時的な仮設であれば，給水装置とそれ以外の水管を直接連結することができる。

	ア	イ	ウ	エ
(1)	正	誤	誤	正
(2)	誤	正	正	正
(3)	正	誤	正	誤
(4)	誤	正	正	誤
(5)	正	誤	誤	誤

給水装置計画論

【問題 30】 給水装置工事の基本計画に関する次の記述の正誤の組み合わせのうち，適当なものはどれか。

ア 給水装置の基本計画は，基本調査，給水方式の決定，計画使用水量及び給水管口径等の決定からなっており，極めて重要である。

イ 給水装置工事の依頼を受けた場合は，現場の状況を把握するために必要な調査を行う。

ウ 基本調査のうち，下水道管，ガス管，電気ケーブル，電話ケーブルの口径，布設位置については，水道事業者への確認が必要である。

エ 基本調査は，計画・施工の基礎となるものであり，調査の結果は計画の策定，施工，さらには給水装置の機能にも影響する重要な作業である。

	ア	イ	ウ	エ
(1)	誤	正	正	誤
(2)	正	誤	誤	正
(3)	正	正	誤	正
(4)	正	正	誤	誤
(5)	誤	誤	正	正

【問題 31】 給水方式の決定に関する次の記述のうち，不適当なものはどれか。

(1) 直結直圧式の範囲拡大の取り組みとして水道事業者は，現状における配水管からの水圧等の供給能力及び配水管の整備計画と整合させ，逐次その対象範囲の拡大を図っており，5階を超える建物をその対象としている水道事業者もある。

(2) 圧力水槽式は，小規模の中層建物に多く使用されている方式で，受水槽を設置せずにポンプで圧力水槽に貯え，その内部圧力によって給水する方式である。

(3) 直結増圧式による各戸への給水方法として，給水栓まで直接給水する直送式と，高所に置かれた受水槽に一旦給水し，そこから給水栓まで自然流下させる高置水槽式がある。

(4) 直結・受水槽併用式は，一つの建物内で直結式及び受水槽式の両方の給水方式を併用するものである。

(5) 直結給水方式は，配水管から需要者の設置した給水装置の末端まで有圧で直接給水する方式で，水質管理がなされた安全な水を需要者に直接供給することができる。

【問題　32】　給水方式における直結式に関する次の記述のうち，<u>不適当なものはどれ</u>
<u>か</u>。

(1)　当該水道事業者の直結給水システムの基準に従い，同時使用水量の算定，給水
　　管の口径決定，直結加圧形ポンプユニットの揚程の決定等を行う。

(2)　直結加圧形ポンプユニットは，算定した同時使用水量が給水装置に流れたとき，
　　その末端最高位の給水用具に一定の余裕水頭を加えた高さまで水位を確保する能
　　力を持たなければならない。

(3)　直結増圧式は，配水管が断水したときに給水装置からの逆圧が大きいことから
　　直結加圧形ポンプユニットに近接して水抜き栓を設置しなければならない。

(4)　直結式給水は，配水管の水圧で直接給水する方式（直結直圧式）と，給水管の
　　途中に直結加圧形ポンプユニットを設置して給水する方式（直結増圧式）がある。

【問題　33】　直結式給水による 30 戸の集合住宅での同時使用水量として，次のうち，
<u>最も適当なものはどれか</u>。

　　ただし，同時使用水量は，標準化した同時使用水量により計算する方法によるも
のとし，1 戸当たりの末端給水用具の個数と使用水量，同時使用率を考慮した末端
給水用具数，並びに集合住宅の給水戸数と同時使用戸数率は，それぞれ**表－1**から
表－3のとおりとする。

(1)　750 L/min

(2)　780 L/min

(3)　810 L/min

(4)　840 L/min

(5)　870 L/min

表－1　1戸当たりの末端給水用具の個数と使用水量

給水用具	個数	使用水量（L/min）
台所流し	1	20
洗濯流し	1	20
洗面器	1	10
浴槽（和式）	1	30
大便器（洗浄タンク）	1	15
手洗器	1	5

表－2　末端給水用具数と同時使用水量比

総末端給水用具数	1	2	3	4	5	6	7	8	9	10	15	20	30
同時使用水量比	1.0	1.4	1.7	2.0	2.2	2.4	2.6	2.8	2.9	3.0	3.5	4.0	5.0

表－3　給水戸数と同時使用戸数率

戸数	1～3	4～10	11～20	21～30	31～40	41～60	61～80	81～100
同時使用戸数率（%）	100	90	80	70	65	60	55	50

【問題 34】 図−1に示す管路において, 流速 V_2 の値として, 最も適当なものはどれか。
ただし, 口径 D_1＝40 mm, D_2＝25 mm, 流速 V_1＝1.0 m/s とする。

(1) 1.6 m/s

(2) 2.1 m/s

(3) 2.6 m/s

(4) 3.1 m/s

(5) 3.6 m/s

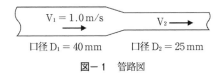

図−1 管路図

【問題 35】 図−1に示す給水装置におけるB点の余裕水頭として, 次のうち, 最も適当なものはどれか。

ただし, 計算に当たってA〜B間の給水管の摩擦損失水頭, 分水栓, 甲形止水栓, 水道メーター及び給水栓の損失水頭は考慮するが, 曲がりによる損失水頭は考慮しないものとする。また, 損失水頭等は, 図−2から図−4を使用して求めるものとし, 計算に用いる数値条件は次のとおりとする。

① A点における配水管の水圧　水頭として 20 m

② 給水栓の使用水量　0.6 L/s

③ A〜B間の給水管, 分水栓, 甲形止水栓, 水道メーター及び給水栓の口径 20 mm

(1) 3.6 m

(2) 5.4 m

(3) 7.4 m

(4) 9.6 m

(5) 10.6 m

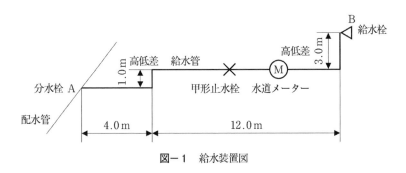

図−1 給水装置図

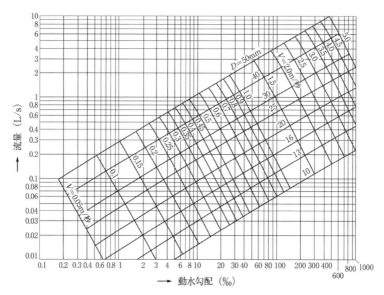

図－2　ウエストン公式による給水管の流量図

口径 20 mm

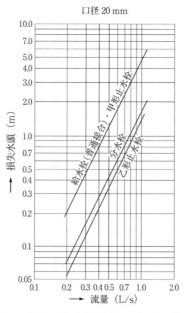

図－3　水栓類の損失水頭(給水栓、止水栓、分水栓)

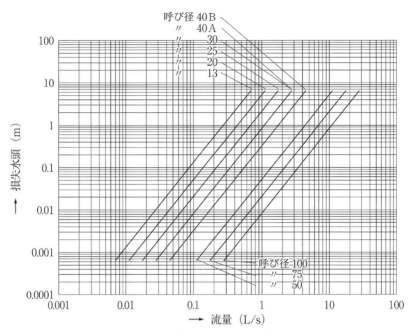

図一 4 水道メーターの損失水頭

給水装置工事事務論

【問題　36】　水道法に定める給水装置工事主任技術者に関する次の記述のうち，<u>不適当なものはどれか。</u>

(1)　給水装置工事主任技術者試験の受験資格である「給水装置工事の実務の経験」とは，給水装置の工事計画の立案，現場における監督，施行の計画，調整，指揮監督又は管理する職務に従事した経験，及び，給水管の配管，給水用具の設置その他給水装置工事の施行を実地に行う職務に従事した経験のことをいい，これらの職務に従事するための見習い期間中の技術的な経験は対象とならない。

(2)　給水装置工事主任技術者の職務のうち「給水装置工事に関する技術上の管理」とは，事前調査，水道事業者等との事前調整，給水装置の材料及び機材の選定，工事方法の決定，施工計画の立案，必要な機械器具の手配，施工管理及び工程毎の仕上がり検査等の管理をいう。

(3)　給水装置工事主任技術者の職務のうち「給水装置工事に従事する者の技術上の指導監督」とは，工事品質の確保に必要な，工事に従事する者の技能に応じた役割分担の指示，分担させた従事者に対する品質目標，工期その他施工管理上の目標に適合した工事の実施のための随時の技術的事項の指導及び監督をいう。

(4)　給水装置工事主任技術者の職務のうち「水道事業者の給水区域において施行する給水装置工事に関し，当該水道事業者と行う連絡又は調整」とは，配水管から給水管を分岐する工事を施行しようとする場合における配水管の位置の確認に関する連絡調整，工事に係る工法，工期その他の工事上の条件に関する連絡調整，及び軽微な変更を除く給水装置工事を完了した旨の連絡のことをいう。

【問題　37】　労働安全衛生法施行令に規定する作業主任者を選任しなければならない作業に関する次の記述の正誤の組み合わせのうち，<u>適当なものはどれか。</u>

ア　掘削面の高さが1.5m以上となる地山の掘削の作業
イ　土止め支保工の切りばり又は腹おこしの取付け又は取外しの作業
ウ　酸素欠乏危険場所における作業
エ　つり足場，張り出し足場又は高さが5m以上の構造の足場の組み立て，解体又は変更作業

	ア	イ	ウ	エ
(1)	誤	正	正	正
(2)	正	誤	誤	正
(3)	誤	正	正	誤
(4)	正	誤	正	誤
(5)	誤	誤	誤	正

【問題　38】　給水管に求められる性能基準に関する次の組み合わせのうち，<u>適当なものはどれか</u>。
(1)　耐圧性能基準と耐久性能基準
(2)　浸出性能基準と耐久性能基準
(3)　浸出性能基準と水撃限界性能基準
(4)　水撃限界性能基準と耐久性能基準
(5)　耐圧性能基準と浸出性能基準

【問題　39】　給水管及び給水用具の性能基準適合性の自己認証に関する次の記述のうち，<u>適当なものはどれか</u>。
(1)　需要者が給水用具を設置するに当たり，自ら希望する製品を自らの責任で設置することをいう。
(2)　製造者等が自ら又は製品試験機関等に委託して得たデータや作成した資料等によって，性能基準適合品であることを証明することをいう。
(3)　水道事業者自らが性能基準適合品であることを証明することをいう。
(4)　指定給水装置工事事業者が工事で使用する前に性能基準適合性を証明することをいう。

【問題　40】　給水装置工事主任技術者と建設業法に関する次の記述のうち，<u>不適当な</u>
<u>もの</u>はどれか。

(1)　建設業の許可は，一般建設業許可と特定建設業許可の二つがあり，どちらの許
可も建設工事の種類ごとに許可を取得することができる。

(2)　水道法による給水装置工事主任技術者免状の交付を受けた後，管工事に関し 1
年以上の実務経験を有する者は，管工事業に係る営業所専任技術者になることが
できる。

(3)　所属する建設会社と直接的で恒常的な雇用契約を締結している営業所専任技術
者は，勤務する営業所の請負工事で，現場の業務に従事しながら営業所での職務
も遂行できる距離と常時連絡を取れる体制を確保できれば，当該工事の専任を要
しない監理技術者等になることができる。

(4)　2 以上の都道府県の区域内に営業所を設けて建設業を営もうとする者は，本店
のある管轄の都道府県知事の許可を受けなければならない。

「学科試験 2」 試験問題

次の注意事項を解答用紙と対比しながら声を出さずに読んで下さい。

1. 解答用紙の受験番号の確認

解答用紙の所定欄に，あなたの受験番号が印刷してありますので，確認して下さい。

記載内容に誤りがある場合は，手を上げて下さい。

2. 解答用紙への氏名及びフリガナの記入

解答用紙の所定欄に，あなたの氏名を記入するとともに，フリガナをカタカナで記入して下さい。

3. 注意事項の表紙への受験番号及び氏名の記入

この注意事項の表紙の所定欄に，あなたの受験番号及び氏名を記入して下さい。

4. 試験問題数及び解答時間

学科試験 2 の試験問題数は 20 問で，解答時間は 60 分です。

5. 解答方法

(1) 解答方法はマークシート方式です。質問に適した答えを一つ選び，次の例にならって解答用紙にマーク（塗りつぶす）して下さい。

なお，一つの試験問題で二つ以上マークすると誤りとなりますので注意して下さい。

〔例1〕 四肢択一の問題

問題1 次のうち，日本一高い山はどれか。

(1) 阿蘇山
(2) 浅間山
(3) 富士山
(4) 槍ヶ岳

正解は(3)ですから，次のように解答用紙の③をマークして下さい。

問題番号	解　答　欄			
問題1	①	②	●	④

〔例2〕 五肢択一の問題

問題2 次のうち，日本一大きい湖はどれか。

(1) 霞ヶ浦
(2) 琵琶湖
(3) サロマ湖
(4) 猪苗代湖
(5) 宍道湖

正解は⑵ですから，次のように解答用紙の②をマークして下さい。

問題番号	解　答　欄
問題1	① ● ③ ④

⑵　採点は機械によって行いますので，解答は HB の鉛筆を使用し，〇の外にはみ出さないようにマークして下さい。ボールペンは使用しないで下さい。

　なお，シャープペンシルを使用する場合は，なるべく芯の太いものを使用して下さい。

良い解答の例……●

悪い解答の例……Ⓦ Ⓥ ⊗ ⊝ ⊂ ⊙ ◖ ●

⑶　一度マークしたところを訂正する場合は，消しゴムで消し残りのないように完全に消して下さい。なお，砂消しゴムは，解答用紙を傷つけたり，よごす恐れがありますので使用してはいけません。

　鉛筆の跡が残ったり，●のような消し方をした場合は，訂正したことにはなりませんので注意して下さい。

⑷　解答用紙は，折り曲げたり，チェックやメモ書きなどで汚したりしないように特に注意して下さい。

6．その他の注意事項

⑴　試験問題の内容に関する質問には一切お答えしません。

⑵　解答用紙を持ち帰ることは認めません。

⑶　途中退室は試験開始30分後から試験終了15分前までの間は認めますが，その前後の途中退室は認めません。

⑷　途中退室する際には，着席したままで手を上げて下さい。

　監督員があなたの解答用紙を回収し，退室の指示があるまで席を立たないで下さい。

⑸　一度退室すると試験終了後，指示があるまで再入室できません。

⑹　試験終了後は，試験監督員が全員の解答用紙を回収し確認作業を行いますので，試験監督員の指示があるまで席を立たないで下さい。

⑺　試験問題は，試験終了後の持ち帰りは認めますが，途中退室する際の持ち出しは認めません。

　途中退室された方が試験問題を必要とする場合は，試験終了後，再入室を許可する旨の指示を受けてから，再入室して自席のものをお持ち帰り下さい。許可するまでは再入室を認めません。

給水装置の概要

【問題 41】 給水管に関する次の記述のうち，**不適当なもの**はどれか。
(1) 硬質ポリ塩化ビニル管は，耐食性，特に耐電食性に優れ，他の樹脂管に比べると引張降伏強さが大きい。
(2) ポリブテン管は，有機溶剤，ガソリン，灯油等に接すると，管に浸透し，管の軟化・劣化や水質事故を起こすことがあるので，これらの物質と接触させないよう注意が必要である。
(3) 耐衝撃性硬質ポリ塩化ビニル管は，硬質ポリ塩化ビニル管を外力がかかりやすい屋外配管用に改良したものであり，長期間直射日光に当たっても耐衝撃強度が低下しない。
(4) ステンレス鋼鋼管は，鋼管に比べると特に耐食性が優れている。また，薄肉だが強度的に優れ，軽量化しているので取扱いが容易である。
(5) 架橋ポリエチレン管は，長尺物のため，中間での接続が不要になり，施工も容易である。その特性から，給水・給湯の住宅の屋内配管で使用されている。

【問題 42】 給水管に関する次の記述のうち，**適当なもの**はどれか。
(1) ダクタイル鋳鉄管の内面防食は，直管はモルタルライニングとエポキシ樹脂粉体塗装があり，異形管はモルタルライニングである。
(2) 水道用ポリエチレン二層管は，柔軟性があり現場での手曲げ配管が可能であるが，低温での耐衝撃性が劣るため，寒冷地では使用しない。
(3) ポリブテン管は，高温時では強度が低下するため，温水用配管には適さない。
(4) 銅管は，アルカリに侵されず，スケールの発生も少ないが，遊離炭酸が多い水には適さない。
(5) 硬質塩化ビニルライニング鋼管は，鋼管の内面に硬質塩化ビニルをライニングした管で，外面仕様はすべて亜鉛めっきである。

【問題 43】 給水管及び継手に関する次の記述の 内に入る語句の組み合わせのうち, 適当なものはどれか。

① 架橋ポリエチレン管の継手の種類は, EF 継手と ア がある。

② 波状ステンレス鋼管の継手の種類としては, イ と伸縮可とう式継手がある。

③ 水道用ポリエチレン二層管の継手には, 一般的に ウ が用いられる。

④ ダクタイル鋳鉄管の接合形式にはメカニカル継手, プッシュオン継手, エ の3種類がある。

	ア	イ	ウ	エ
(1)	TS 継手	ろう付・はんだ付継手	熱融着継手	管端防食形継手
(2)	メカニカル式継手	プレス式継手	金属継手	管端防食形継手
(3)	TS 継手	プレス式継手	金属継手	管端防食形継手
(4)	TS 継手	ろう付・はんだ付継手	熱融着継手	フランジ継手
(5)	メカニカル式継手	プレス式継手	金属継手	フランジ継手

【問題 44】 給水用具に関する次の記述の 内に入る語句の組み合わせのうち, 適当なものはどれか。

① ア は, 個々に独立して作動する第1逆止弁と第2逆止弁が組み込まれている。各逆止弁はテストコックによって, 個々に性能チェックを行うことができる。

② イ は, 弁体が弁箱又は蓋に設けられたガイドによって弁座に対し垂直に作動し, 弁体の自重で閉止の位置に戻る構造の逆止弁である。

③ ウ は, 独立して作動する第1逆止弁と第2逆止弁との間に一次側との差圧で作動する逃し弁を備えた中間室からなり, 逆止弁が正常に作動しない場合, 逃し弁が開いて排水し, 空気層を形成することによって逆流を防止する構造の逆流防止器である。

④ エ は, 弁体がヒンジピンを支点として自重で弁座面に圧着し, 通水時に弁体が押し開かれ, 逆圧によって自動的に閉止する構造の逆止弁である。

	ア	イ	ウ	エ
(1)	複式逆止弁	リフト式逆止弁	中間室大気開放型逆流防止器	スイング式逆止弁
(2)	二重式逆流防止器	リフト式逆止弁	減圧式逆流防止器	スイング式逆止弁
(3)	複式逆止弁	自重式逆止弁	減圧式逆流防止器	単式逆止弁
(4)	二重式逆流防止器	リフト式逆止弁	中間室大気開放型逆流防止器	単式逆止弁
(5)	二重式逆流防止器	自重式逆止弁	中間室大気開放型逆流防止器	単式逆止弁

【問題 45】 給水用具に関する次の記述のうち, 不適当なものはどれか。

(1) ホース接続型水栓は, ホース接続した場合に吐水口空間が確保されない可能性があるため, 水栓本体内にばね等の有効な逆流防止機能を持つ逆止弁を内蔵したものになっている。

(2) 大便器洗浄弁は, 大便器の洗浄に用いる給水用具であり, また, 洗浄管を介して大便器に直結されるため, 瞬間的に多量の水を必要とするので配管は口径25 mm 以上としなければならない。

(3) 不凍栓類は, 配管の途中に設置し, 流入側配管の水を地中に排出して凍結を防止する給水用具であり, 不凍給水栓, 不凍水抜栓, 不凍水栓柱, 不凍バルブ等がある。

(4) 水道用コンセントは, 洗濯機, 自動食器洗い機等との接続に用いる水栓で, 通常の水栓のように壁から出っ張らないので邪魔にならず, 使用するときだけホースをつなげればよいので空間を有効に利用することができる。

【問題 46】 給水用具に関する次の記述の正誤の組み合わせのうち, 適当なものはどれか。

ア ボールタップは, フロート (浮玉) の上下によって自動的に弁を開閉する構造になっており, 水洗便器のロータンク用や, 受水槽用の水を一定量貯める給水用具である。

イ ダイヤフラム式ボールタップの機構は, 圧力室内部の圧力変化を利用しダイヤフラムを動かすことにより吐水, 止水を行うもので, 給水圧力による止水位の変動が大きい。

ウ 止水栓は, 給水の開始, 中止及び給水装置の修理その他の目的で給水を制限又は停止するために使用する給水用具である。

エ 甲形止水栓は, 止水部が吊りこま構造であり, 弁部の構造から流れがS字形となるため損失水頭が大きい。

	ア	イ	ウ	エ
(1)	誤	正	誤	正
(2)	誤	誤	正	正
(3)	正	正	誤	誤
(4)	正	誤	正	誤
(5)	誤	正	正	誤

【問題 47】 給水用具に関する次の記述の正誤の組み合わせのうち，適当なものはどれか。

ア 定流量弁は，ハンドルの目盛りを必要な水量にセットすることにより，指定した量に達すると自動的に吐水を停止する給水用具である。

イ 安全弁（逃し弁）は，設置した給水管路や貯湯湯沸器の水圧が設定圧力よりも上昇すると，給水管路等の給水用具を保護するために弁体が自動的に開いて過剰圧力を逃す。

ウ シングルレバー式の混合水栓は，1本のレバーハンドルで吐水・止水，吐水量の調整，吐水温度の調整ができる。

エ サーモスタット式の混合水栓は，湯側・水側の2つのハンドルを操作し，吐水・止水，吐水量の調整，吐水温度の調整ができる。

	ア	イ	ウ	エ
(1)	誤	正	誤	正
(2)	誤	誤	正	正
(3)	正	誤	誤	正
(4)	正	誤	正	誤
(5)	誤	正	正	誤

【問題 48】 湯沸器に関する次の記述の正誤の組み合わせのうち，適当なものはどれか。

ア 貯蔵湯沸器は，ボールタップを備えた器内の容器に貯水した水を，一定温度に加熱して給湯するもので，水圧がかからないため湯沸器設置場所でしかお湯を使うことができない。

イ 貯湯湯沸器は，排気する高温の燃焼ガスを再利用し，水を潜熱で温めた後に従来の一次熱交換器で加温して温水を作り出す，高い熱効率を実現した給湯器である。

ウ 瞬間湯沸器は，器内の熱交換器で熱交換を行うもので，水が熱交換器を通過する間にガスバーナ等で加熱する構造で，元止め式のものと先止め式のものがある。

エ 太陽熱利用貯湯湯沸器は，一般用貯湯湯沸器を本体とし，太陽集熱器に集熱された太陽熱を主たる熱源として，水を加熱し給湯する給水用具である。

	ア	イ	ウ	エ
(1)	誤	誤	正	誤
(2)	正	誤	誤	正
(3)	正	誤	正	正
(4)	誤	正	正	誤
(5)	正	正	誤	正

【問題 49】 自然冷媒ヒートポンプ給湯機に関する次の記述のうち，不適当なものはどれか。

(1) 送風機で取り込んだ空気の熱を冷媒（二酸化炭素）が吸収する。

(2) 熱を吸収した冷媒が，コンプレッサで圧縮されることにより高温・高圧となる。

(3) 高温となった冷媒の熱を，熱交換器内に引き込んだ水に伝えてお湯を沸かす。

(4) お湯を沸かした後，冷媒は膨張弁で低温・低圧に戻され，再び熱を吸収しやすい状態になる。

(5) 基本的な機能・構造は貯湯湯沸器と同じであるため，労働安全衛生法施行令に定めるボイラーである。

【問題 50】 直結加圧形ポンプユニットに関する次の記述のうち，不適当なものはどれか。

(1) 水道法に基づく給水装置の構造及び材質の基準に適合し，配水管への影響が極めて小さく，安定した給水ができるものでなければならない。

(2) 配水管から直圧で給水できない建築物に，加圧して給水する方式で用いられている。

(3) 始動・停止による配水管の圧力変動が極小であり，ポンプ運転による配水管の圧力に脈動が生じないものを用いる。

(4) 制御盤は，ポンプを可変速するための機能を有し，漏電遮断器，インバーター，ノイズ制御器具等で構成される。

(5) 吸込側の圧力が異常に低下した場合には自動停止し，あらかじめ設定された時間を経過すると，自動復帰し運転を再開する。

【問題　51】　給水用具に関する次の記述の正誤の組み合わせのうち，<u>適当なものはどれか</u>。

ア　自動販売機は，水道水を冷却又は加熱し，清涼飲料水，茶，コーヒー等を販売する器具である。水道水は，器具内給水配管，電磁弁を通して，水受けセンサーにより自動的に供給される。タンク内の水は，目的に応じてポンプにより加工機構へ供給される。

イ　ディスポーザ用給水装置は，台所の排水口部に取り付けて生ごみを粉砕するディスポーザとセットして使用する器具である。排水口部で粉砕された生ごみを水で排出するために使用する。

ウ　水撃防止器は，給水装置の管路途中又は末端の器具等から発生する水撃作用を軽減又は緩和するため，封入空気等をゴム等により自動的に排出し，水撃を緩衝する給水器具である。ベローズ形，エアバック形，ダイヤフラム式，ピストン式等がある。

エ　非常時用貯水槽は，非常時に備えて，天井部・床下部に給水管路に直結した貯水槽を設ける給水用具である。天井設置用は，重力を利用して簡単に水を取り出すことができ，床下設置用は，加圧用コンセントにフットポンプ及びホースを接続・加圧し，水を取り出すことができる。

	ア	イ	ウ	エ
(1)	正	正	誤	正
(2)	正	誤	正	誤
(3)	誤	誤	正	正
(4)	誤	正	正	誤
(5)	正	誤	誤	正

【問題　52】　水道メーターに関する次の記述のうち，<u>不適当なものはどれか</u>。

(1)　水道メーターは，給水装置に取り付け，需要者が使用する水量を積算計量する計量器である。

(2)　水道メーターの計量水量は，料金算定の基礎となるもので適正な計量が求められることから，計量法に定める特定計量器の検定に合格したものを設置する。

(3)　水道メーターの計量方法は，流れている水の流速を測定して流量に換算する流速式と，水の体積を測定する容積式に分類される。わが国で使用されている水道メーターは，ほとんどが流速式である。

(4)　水道メーターは，検定有効期間が8年間であるため，その期間内に検定に合格したメーターと交換しなければならない。

(5) 水道メーターは，許容流量範囲を超えて水を流すと，正しい計量ができなくなるおそれがあるため，メーター一次側に安全弁を設置して流量を許容範囲内に調整する。

【問題 53】 水道メーターに関する次の記述の正誤の組み合わせのうち，<u>適当なもの</u><u>はどれか</u>。

ア 接線流羽根車式水道メーターは，計量室内に設置された羽根車にノズルから接線方向に噴射水流を当て，羽根車が回転することにより通過水量を積算表示する構造のものである。

イ 軸流羽根車式水道メーターは，管状の器内に設置された流れに平行な軸を持つ螺旋状の羽根車が回転することにより積算計量する構造のものである。

ウ 電磁式水道メーターは，水の流れと平行に磁界をかけ，電磁誘導作用により，流れと磁界に平行な方向に誘起された起電力により流量を測定する器具である。

エ 軸流羽根車式水道メーターのたて形軸流羽根車式は，水の流れがメーター内で迂流するため損失水頭が小さい。

	ア	イ	ウ	エ
(1)	正	誤	正	誤
(2)	誤	誤	誤	正
(3)	正	正	誤	誤
(4)	正	誤	誤	正
(5)	誤	正	正	正

【問題 54】 給水用具の故障と対策に関する次の記述のうち，<u>不適当なものはどれか</u>。

(1) ボールタップの水が止まらなかったので原因を調査した。その結果，弁座が損傷していたので，ボールタップを取り替えた。

(2) 湯沸器に故障が発生したが，需要者等が修理することは困難かつ危険であるため，製造者に依頼して修理を行った。

(3) ダイヤフラム式定水位弁の水が止まらなかったので原因を調査した。その結果，主弁座への異物のかみ込みがあったので，主弁の分解と清掃を行った。

(4) 水栓から不快音があったので原因を調査した。その結果，スピンドルの孔とこま軸の外径が合わなくがたつきがあったので，スピンドルを取り替えた。

(5) 大便器洗浄弁で常に大量の水が流出していたので原因を調査した。その結果，逃し弁のゴムパッキンが傷んでいたので，ピストンバルブを取り出しパッキンを取り替えた。

【問題 55】 給水用具の故障と対策に関する次の記述の正誤の組み合わせのうち，<u>適当なものはどれか</u>。

ア　ピストン式定水位弁の水が止まらなかったので原因を調査した。その結果，主弁座パッキンが摩耗していたので，新品に取り替えた。

イ　大便器洗浄弁の吐水量が少なかったので原因を調査した。その結果，水量調節ねじが閉め過ぎていたので，水量調節ねじを右に回して吐水量を増やした。

ウ　ボールタップ付ロータンクの水が止まらなかったので原因を調査した。その結果，フロート弁の摩耗，損傷のためすき間から水が流れ込んでいたので，分解し清掃した。

エ　ダイヤフラム式ボールタップ付ロータンクのタンク内の水位が上がらなかったので原因を調査した。その結果，排水弁のパッキンが摩耗していたので，排水弁のパッキンを取り替えた。

	ア	イ	ウ	エ
(1)	正	正	誤	誤
(2)	誤	誤	正	正
(3)	正	誤	誤	正
(4)	誤	正	正	誤
(5)	正	誤	正	誤

給水装置施工管理法

【問題 56】 給水装置工事の工程管理に関する次の記述の 　　　 内に入る語句の組み合わせのうち，<u>適当なものはどれか</u>。

　工程管理は，一般的に計画，実施，　ア　 に大別することができる。計画の段階では，給水管の切断，加工，接合，給水用具据え付けの順序と方法，建築工事との日程調整，機械器具及び工事用材料の手配，技術者や配管技能者を含む　イ　 を手配し準備する。工事は　ウ　 の指導監督のもとで実施する。

	ア	イ	ウ
(1)	検査	作業従事者	技能を有する者
(2)	管理	作業主任者	技能を有する者
(3)	管理	作業主任者	給水装置工事主任技術者
(4)	管理	作業従事者	給水装置工事主任技術者
(5)	検査	作業主任者	給水装置工事主任技術者

【問題 57】 給水装置工事における施工管理に関する次の記述のうち，<u>不適当なもの</u>はどれか。

(1) 道路部掘削時の埋戻しに使用する埋戻し土は，水道事業者が定める基準等を満たした材料であるか検査・確認し，水道事業者の承諾を得たものを使用する。

(2) 工事着手に先立ち，現場付近の住民に対し，工事の施工について協力が得られるよう，工事内容の具体的な説明を行う。

(3) 配水管からの分岐以降水道メーターまでの工事は，あらかじめ水道事業者の承認を受けた工法，工期その他の工事上の条件に適合するように施工する必要がある。

(4) 工事の施工に当たり，事故が発生し，又は発生するおそれがある場合は，直ちに必要な措置を講じた上で，事故の状況及び措置内容を水道事業者及び関係官公署に報告する。

【問題 58】 給水装置の品質管理について，穿孔工事後に行う水質確認項目に関する次の組み合わせのうち，<u>適当なもの</u>はどれか。

(1) 残留塩素，　大腸菌，　　　　　　水　温，　濁　り，　色

(2) 残留塩素，　におい，　　　　　　濁　り，　色，　　味

(3) 残留塩素，　全有機炭素（TOC），大腸菌，　水　温，　濁　り

(4) pH 値，　　全有機炭素（TOC），水　温，　におい，　色

(5) pH 値，　　大腸菌，　　　　　　水　温，　におい，　味

【問題 59】 公道における給水装置工事の安全管理に関する次の記述の正誤の組み合わせのうち，<u>適当なもの</u>はどれか。

ア　工事の施行に当たっては，地下埋設物の有無を十分に調査するとともに，当該道路管理者に立会いを求めることによってその位置を確認し，埋設物に損傷を与えないよう注意する。

イ　工事中，火気に弱い埋設物又は可燃性物質の輸送管等の埋設物に接近する場合は，溶接機，切断機等火気を伴う機械器具を使用しない。ただし，やむを得ない場合は管轄する消防署と協議し，保安上必要な措置を講じてから使用する。

ウ　施工従事者の体調管理に留意し，体調不良に起因する事故の防止に努めるとともに，酷暑期には十分な水分補給と適切な休養を促し，熱中症の予防に努める。

エ　工事施行中の交通保安対策については，当該道路管理者及び所轄警察署長の許可条件及び指示に基づき，適切な保安施設を設置し，通行車両や通行者の事故防止と円滑な通行の確保を図らなければならない。

	ア	イ	ウ	エ
(1)	正	誤	正	誤
(2)	正	正	誤	正
(3)	誤	正	誤	正
(4)	誤	誤	正	正
(5)	誤	正	誤	誤

【問題 60】 建設工事公衆災害防止対策要綱に関する次の記述のうち，<u>不適当なもの</u>はどれか。

(1) 施工者は，仮舗装又は覆工を行う際，やむを得ない理由で周囲の路面と段差が生じた場合は，10 パーセント以内の勾配ですりつけなければならない。

(2) 施工者は，歩行者用通路と作業場との境は，移動さくを間隔をあけないように設置し，又は移動さくの間に安全ロープ等をはってすき間ができないよう設置する等明確に区分しなければならない。

(3) 施工者は，通行を制限する場合の標準として，道路の車線が 1 車線となる場合は，その車道幅員は 3 メートル以上，2 車線となる場合は，その車道幅員は 5.5 メートル以上確保する。

(4) 施工者は，通行を制限する場合，歩行者が安全に通行できるよう車道とは別に幅 0.9 メートル以上，高齢者や車椅子使用者等の通行が想定されない場合は幅 0.75 メートル以上歩行者用通路を確保しなければならない。

(5) 施工者は，道路上に作業場を設ける場合は，原則として，交通流に対する背面から工事車両を出入りさせなければならない。ただし，周囲の状況等によりやむを得ない場合においては，交通流に平行する部分から工事車両を出入りさせることができる。

令 和 元 年 度
給水装置工事主任技術者試験

━━ 「学科試験 1」 試験問題 ━━

次の注意事項を解答用紙と対比しながら声を出さずに読んで下さい。

1. 解答用紙の受験番号の確認

    解答用紙の所定欄に，あなたの受験番号が印刷してありますので，確認して下さい。
    記載内容に誤りがある場合は，手を上げて下さい。

2. 解答用紙への氏名及びフリガナの記入

    解答用紙の所定欄に，あなたの氏名を記入するとともに，フリガナをカタカナで
    記入して下さい。

3. 注意事項の表紙への受験番号及び氏名の記入

    この注意事項の表紙の所定欄に，あなたの受験番号及び氏名を記入して下さい。

4. 試験問題数及び解答時間

    学科試験 1 の試験問題数は 40 問で，解答時間は 150 分です。

5. 解答方法

(1) 解答方法はマークシート方式です。各試験問題には(1)から(4)までの 4 通りの答
    えがありますので，そのうち質問に適した答えを一つ選び，次の例にならって解
    答用紙にマーク（塗りつぶす）して下さい。

    なお，一つの試験問題で二つ以上マークすると誤りとなりますので注意して下
    さい。

    〔例〕問題 1　次のうち，日本一高い山はどれか。

        (1) 阿蘇山
        (2) 浅間山
        (3) 富士山
        (4) 槍ヶ岳

    正解は(3)ですから，次のように解答用紙の③をマークして下さい。

問題番号	解 答 欄			
問題 1	①	②	●	④

(2) 採点は機械によって行いますので，解答は HB の鉛筆を使用し，○の外にはみ出さないようにマークして下さい。ボールペンは使用しないで下さい。

なお，シャープペンシルを使用する場合は，なるべく芯の太いものを使用して下さい。

　　良い解答の例……●

　　悪い解答の例……Ⓦ Ⓥ Ⓧ ⊖ ⌣ ⊙ 🌑 ●

(3) 一度マークしたところを訂正する場合は，消しゴムで消し残りのないように完全に消して下さい。なお，砂消しゴムは，解答用紙を傷つけたり，よごす恐れがありますので使用してはいけません。

　　鉛筆の跡が残ったり，🐟のような消し方をした場合は，訂正したことにはなりませんので注意して下さい。

(4) 解答用紙は，折り曲げたり，チェックやメモ書きなどで汚したりしないように特に注意して下さい。

6. その他の注意事項

(1) 試験問題の内容に関する質問には一切お答えしません。

(2) 解答用紙を持ち帰ることは認めません。

(3) 途中退室は試験開始45分後から試験終了15分前までの間は認めますが，その前後の途中退室は認めません。

(4) 途中退室する際には，着席したままで手を上げて下さい。

　　監督員があなたの解答用紙を回収し，退室の指示があるまで席を立たないで下さい。

(5) 一度退室すると試験終了後，指示があるまで再入室できません。

(6) 試験終了後は，監督員が全員の解答用紙を回収し確認作業を行いますので，監督員の指示があるまで席を立たないで下さい。

(7) 試験問題は，試験終了後の持ち帰りは認めますが，途中退室する際の持ち出しは認めません。

　　途中退室された方が試験問題を必要とする場合は，試験終了後，再入室を許可する旨の指示を受けてから，再入室して自席のものをお持ち帰り下さい。許可するまでは再入室を認めません。

公衆衛生概論

【問題　1】　消毒及び残留塩素に関する次の記述のうち，不適当なものはどれか。
(1)　水道水中の残留塩素濃度の保持は，衛生上の措置（水道法第 22 条，水道法施行規則第 17 条）において規定されている。
(2)　給水栓における水は，遊離残留塩素 0.1 mg/L 以上（結合残留塩素の場合は 0.4 mg/L 以上）を含まなければならない。
(3)　水道の消毒剤として，次亜塩素酸ナトリウムのほか，液化塩素や次亜塩素酸カルシウムが使用されている。
(4)　残留塩素濃度の簡易測定法として，ジエチル-p-フェニレンジアミン（DPD）と反応して生じる青色を標準比色液と比較する方法がある。

【問題　2】　水道法第 4 条に規定する水質基準に関する次の記述の正誤の組み合わせのうち，適当なものはどれか。
ア　病原生物をその許容量を超えて含まないこと。
イ　シアン，水銀その他の有毒物質を含まないこと。
ウ　消毒による臭味がないこと。
エ　外観は，ほとんど無色透明であること。

	ア	イ	ウ	エ
(1)	正	誤	正	誤
(2)	誤	正	誤	正
(3)	正	誤	誤	正
(4)	誤	正	正	誤

【問題 3】 平成 8 年 6 月埼玉県越生町において，水道水が直接の感染経路となる集団感染が発生し，約 8,800 人が下痢等の症状を訴えた。この主たる原因として，次のうち，適当なものはどれか。

(1) 病原性大腸菌 O 157

(2) 赤痢菌

(3) クリプトスポリジウム

(4) ノロウイルス

水 道 行 政

【問題 4】 簡易専用水道の管理に関する次の記述の ☐ 内に入る語句の組み合わせのうち，適当なものはどれか。

　簡易専用水道の ア は，水道法施行規則第 55 条に定める基準に従い，その水道を管理しなければならない。この基準として， イ の掃除を ウ 以内ごとに 1 回定期に行うこと， イ の点検など，水が汚染されるのを防止するために必要な措置を講じることが定められている。

　簡易専用水道の ア は， ウ 以内ごとに 1 回定期に，その水道の管理について地方公共団体の機関又は厚生労働大臣の エ を受けた者の検査を受けなければならない。

	ア	イ	ウ	エ
(1)	設 置 者	水 槽	1 年	登録
(2)	水道技術管理者	給水管	1 年	指定
(3)	設 置 者	給水管	3 年	指定
(4)	水道技術管理者	水 槽	3 年	登録

【問題　5】　給水装置及び給水装置工事に関する次の記述のうち，不適当なものはどれか。

(1)　給水装置工事とは給水装置の設置又は変更の工事をいう。つまり，給水装置を新設，改造，修繕，撤去する工事をいう。

(2)　工場生産住宅に工場内で給水管及び給水用具を設置する作業は，給水用具の製造工程であり給水装置工事に含まれる。

(3)　水道メーターは，水道事業者の所有物であるが，給水装置に該当する。

(4)　給水用具には，配水管からの分岐器具，給水管を接続するための継手が含まれる。

【問題　6】　給水装置工事主任技術者の職務に該当する次の記述の正誤の組み合わせのうち，適当なものはどれか。

ア　給水管を配水管から分岐する工事を施行しようとする場合の配水管の布設位置の確認に関する水道事業者との連絡調整

イ　給水装置工事に関する技術上の管理

ウ　給水装置工事に従事する者の技術上の指導監督

エ　給水装置工事を完了した旨の水道事業者への連絡

	ア	イ	ウ	エ
(1)	正	誤	正	誤
(2)	正	正	誤	正
(3)	誤	正	正	誤
(4)	正	正	正	正

【問題　7】　指定給水装置工事事業者制度に関する次の記述のうち，不適当なものはどれか。

(1)　水道事業者による指定給水装置工事事業者の指定の基準は，水道法により水道事業者ごとに定められている。

(2)　指定給水装置工事事業者は，給水装置工事主任技術者及びその他の給水装置工事に従事する者の給水装置工事の施行技術の向上のために，研修の機会を確保するよう努める必要がある。

(3)　水道事業者は，指定給水装置工事事業者の指定をしたときは，遅滞なく，その旨を一般に周知させる措置をとる必要がある。

(4)　水道事業者は，その給水区域において給水装置工事を適正に施行することができると認められる者の指定をすることができる。

【問題 8】 水道法第 15 条の給水義務に関する次の記述のうち，<u>不適当なものはどれ</u><u>か</u>。

⑴ 水道事業者は，当該水道により給水を受ける者に対し，災害その他正当な理由がありやむを得ない場合を除き，常時給水を行う義務がある。

⑵ 水道事業者の給水区域内で水道水の供給を受けようとする住民には，その水道事業者以外の水道事業者を選択する自由はない。

⑶ 水道事業者は，当該水道により給水を受ける者が料金を支払わないときは，供給規程の定めるところにより，その者に対する給水を停止することができる。

⑷ 水道事業者は，事業計画に定める給水区域内の需要者から給水契約の申し込みを受けた場合には，いかなる場合であっても，これを拒んではならない。

【問題 9】 水道法に規定する水道事業等の認可に関する次の記述の正誤の組み合わせのうち，<u>適当なものはどれか</u>。

ア 水道法では，水道事業者を保護育成すると同時に需要者の利益を保護するために，水道事業者を監督する仕組みとして，認可制度をとっている。

イ 水道事業経営の認可制度によって，複数の水道事業者の給水区域が重複することによる不合理・不経済が回避される。

ウ 水道事業を経営しようとする者は，市町村長の認可を受けなければならない。

エ 水道用水供給事業者については，給水区域の概念はないので認可制度をとっていない。

	ア	イ	ウ	エ
⑴	正	正	誤	誤
⑵	誤	誤	正	正
⑶	正	誤	正	誤
⑷	誤	正	誤	正

給水装置工事法

【**問題 10**】　水道法施行規則第 36 条の指定給水装置工事事業者の事業の運営に関する次の記述の　　　　内に入る語句の組み合わせのうち，適当なものはどれか。

　　「適切に作業を行うことができる技能を有する者」とは，配水管への分水栓の取付け，配水管の　ア　，給水管の接合等の配水管から給水管を分岐する工事に係る作業及び当該分岐部から　イ　までの配管工事に係る作業について，　ウ　その他の地下埋設物に変形，破損その他の異常を生じさせることがないよう，適切な資機材，工法，地下埋設物の防護の方法を選択し，　エ　を実施できる者をいう。

	ア	イ	ウ	エ
(1)	維持管理	止水栓	当該給水管	技術上の管理
(2)	穿孔	水道メーター	当該配水管	正確な作業
(3)	維持管理	水道メーター	当該給水管	正確な作業
(4)	穿孔	止水栓	当該配水管	技術上の管理

【**問題 11**】　サドル付分水栓の穿孔施工に関する次の記述の正誤の組み合わせのうち，適当なものはどれか。

ア　サドル付分水栓を取付ける前に，弁体が全閉状態になっているか，パッキンが正しく取付けられているか，塗装面やねじ等に傷がないか等を確認する。

イ　サドル付分水栓は，配水管の管軸頂部にその中心線が来るように取付け，給水管の取出し方向及びサドル付き分水栓が管軸方向から見て傾きがないことを確認する。

ウ　穿孔中はハンドルの回転が軽く感じられる。穿孔の終了に近づくとハンドルの回転は重く感じられるが，最後まで回転させ，完全に穿孔する。

エ　電動穿孔機は，使用中に整流ブラシから火花を発し，また，スイッチの ON・OFF 時にも火化を発するので，ガソリン，シンナー，ベンジン，都市ガス，LP ガス等引火性の危険物が存在する環境の場所では絶対に使用しない。

	ア	イ	ウ	エ
(1)	正	誤	誤	正
(2)	誤	正	正	誤
(3)	正	誤	正	誤
(4)	誤	正	誤	正

【問題 12】 給水管の埋設深さ及び占用位置に関する次の記述のうち，不適当なものはどれか。

(1) 道路を縦断して給水管を埋設する場合は，ガス管，電話ケーブル，電気ケーブル，下水道管等の他の埋設物への影響及び占用離隔に十分注意し，道路管理者が許可した占用位置に配管する。

(2) 浅層埋設は，埋設工事の効率化，工期の短縮及びコスト縮減等の目的のため，運用が開始された。

(3) 浅層埋設が適用される場合，歩道部における水道管の埋設深さは，管路の頂部と路面との距離は 0.3 m 以下としない。

(4) 給水管の埋設深さは，宅地内にあっては 0.3 m 以上を標準とする。

【問題 13】 水道配水用ポリエチレン管の EF 継手による接合に関する次の記述のうち，不適当なものはどれか。

(1) 継手との管融着面の挿入範囲をマーキングし，この部分を専用工具（スクレーパ）で切削する。

(2) 管端から 200 mm 程度の内外面及び継手本体の受口内面やインナーコアに付着した油・砂等の異物をウエス等で取り除く。

(3) 管に挿入標線を記入後，継手をセットし，クランプを使って，管と継手を固定する。

(4) コントローラのコネクタを継手に接続のうえ，継手バーコードを読み取り通電を開始し，融着終了後，所定の時間冷却確認後，クランプを取り外す。

【問題 14】 給水管の配管工事に関する次の記述のうち，不適当なものはどれか。

(1) 水圧，水撃作用等により給水管が離脱するおそれがある場所にあっては，適切な離脱防止のための措置を講じる。

(2) 給水管の配管にあたっては，事故防止のため，他の埋設物との間隔を原則として 20 cm 以上確保する。

(3) 給水装置は，ボイラー，煙道等高温となる場所，冷凍庫の冷凍配管等に近接し凍結のおそれのある場所を避けて設置する。

(4) 宅地内の配管は，できるだけ直線配管とする。

【問題　15】　給水管の配管工事に関する次の記述のうち，不適当なものはどれか。

(1)　ステンレス鋼鋼管の曲げ加工は，ベンダーにより行い，加熱による焼曲げ加工等は行ってはならない。

(2)　ステンレス鋼鋼管の曲げの最大角度は，原則として 90°（補角）とし，曲げ部分にしわ，ねじれ等がないようにする。

(3)　硬質銅管の曲げ加工は，専用パイプベンダーを用いて行う。

(4)　ポリエチレン二層管（1種管）の曲げ半径は，管の外径の 20 倍以上とする。

【問題　16】　給水管の明示に関する次の記述の正誤の組み合わせのうち，適当なものはどれか。

ア　道路部分に布設する口径 75 mm 以上の給水管には，明示テープ等により管を明示しなければならない。

イ　道路部分に埋設する管などの明示テープの地色は，道路管理者ごとに定められており，その指示に従い施工する必要がある。

ウ　道路部分に給水管を埋設する際に設置する明示シートは，指定する仕様のものを任意の位置に設置する。

エ　宅地部分に布設する給水管の位置については，維持管理上必要がある場合，明示杭等によりその位置を明示する。

	ア	イ	ウ	エ
(1)	誤	誤	正	正
(2)	正	誤	誤	正
(3)	誤	正	誤	誤
(4)	正	誤	誤	誤

【問題　17】　水道メーターの設置に関する次の記述のうち，不適当なものはどれか。

(1)　水道メーターの設置に当たっては，メーターに表示されている流水方向の矢印を確認したうえで水平に取付ける。

(2)　水道メーターの設置は，原則として道路境界線に最も近接した宅地内で，メーターの計量及び取替作業が容易であり，かつ，メーターの損傷，凍結等のおそれがない位置とする。

(3)　メーターますは，水道メーターの呼び径が 50 mm 以上の場合はコンクリートブロック，現場打ちコンクリート，鋳鉄製等で，上部に鉄蓋を設置した構造とするのが一般的である。

(4)　集合住宅等の複数戸に直結増圧式等で給水する建物の親メーターにおいては，ウォータハンマを回避するため，メーターバイパスユニットを設置する方法がある。

【問題 18】 給水装置の異常現象に関する次の記述の正誤の組み合わせのうち，<u>適当なものはどれか。</u>

ア 給水管に硬質塩化ビニルライニング鋼管を使用していると，亜鉛メッキ鋼管に比べて，内部にスケール（赤錆）が発生しやすく，年月を経るとともに給水管断面が小さくなるので出水不良を起こす。

イ 水道水は，無味無臭に近いものであるが，塩辛い味，苦い味，渋い味等が感じられる場合は，クロスコネクションのおそれがあるので，飲用前に一定時間管内の水を排水しなければならない。

ウ 埋設管が外力によってつぶれ小さな孔があいてしまった場合，給水時にエジェクタ作用によりこの孔から外部の汚水や異物を吸引することがある。

エ 給水装置工事主任技術者は，需要者から給水装置の異常を告げられ，依頼があった場合は，これらを調査し，原因究明とその改善を実施する。

	ア	イ	ウ	エ
(1)	誤	正	誤	正
(2)	正	正	誤	誤
(3)	誤	誤	正	正
(4)	正	誤	正	誤

【問題 19】 消防法の適用を受けるスプリンクラーに関する次の記述の正誤の組み合わせのうち，<u>適当なものはどれか。</u>

ア 水道直結式スプリンクラー設備は，消防法令に適合すれば，給水装置の構造及び材質の基準に適合しなくてもよい。

イ 平成 19 年の消防法改正により，一定規模以上のグループホーム等の小規模社会福祉施設にスプリンクラーの設置が義務付けられた。

ウ 水道直結式スプリンクラー設備の設置に当たり，分岐する配水管からスプリンクラーヘッドまでの水理計算及び給水管，給水用具の選定は，消防設備士が行う。

エ 乾式配管方式の水道直結式スプリンクラー設備は，消火時の水量をできるだけ多くするため，給水管分岐部と電動弁との間を長くすることが望ましい。

	ア	イ	ウ	エ
(1)	誤	正	正	誤
(2)	正	誤	正	誤
(3)	誤	正	誤	正
(4)	正	誤	誤	正

給水装置の構造及び性能

【問題 20】 水道法の規定に関する次の記述のうち，不適当なものはどれか。

(1) 水道事業者は，当該水道によって水の供給を受ける者の給水装置の構造及び材質が，政令で定める基準に適合していないときは，その基準に適合させるまでの間その者に対する給水を停止することができる。

(2) 給水装置の構造及び材質の基準は，水道法16条に基づく水道事業者による給水契約の拒否や給水停止の権限を発動するか否かの判断に用いるためのものであるから，給水装置が有するべき必要最小限の要件を基準化している。

(3) 水道事業者は，給水装置工事を適正に施行することができると認められる者の指定をしたときは，供給規程の定めるところにより，当該水道によって水の供給を受ける者の給水装置が当該水道事業者又は当該指定を受けた者（以下，「指定給水装置工事事業者」という。）の施行した給水装置工事に係るものであることを供給条件とすることができる。

(4) 水道事業者は，当該給水装置の構造及び材質が政令で定める基準に適合していることが確認されたとしても，給水装置が指定給水装置工事事業者の施行した給水装置工事に係るものでないときは，給水を停止することができる。

【問題 21】 給水装置の構造及び材質の基準に定める耐圧に関する基準（以下，本問においては「耐圧性能基準」という。）及び厚生労働大臣が定める耐圧に関する試験（以下，本問においては「耐圧性能試験」という。）に関する次の記述のうち，不適当なものはどれか。

(1) 給水装置は，耐圧性能試験により1.75メガパスカルの静水圧を1分間加えたとき，水漏れ，変形，破損その他の異常を生じないこととされている。

(2) 耐圧性能基準の適用対象は，原則としてすべての給水管及び給水用具であるが，大気圧式バキュームブレーカ，シャワーヘッド等のように最終の止水機構の流出側に設置される給水用具は，高水圧が加わらないことなどから適用対象から除外されている。

(3) 加圧装置は，耐圧性能試験により1.75メガパスカルの静水圧を1分間加えたとき，水漏れ，変形，破損その他の異常を生じないこととされている。

(4) パッキンを水圧で圧縮することにより水密性を確保する構造の給水用具は，耐圧性能試験により1.75メガパスカルの静水圧を1分間加えたとき，水漏れ，変形，破損その他の異常を生じない性能を有するとともに，20キロパスカルの静水圧を1分間加えたとき，水漏れ，変形，破損その他の異常を生じないこととされている。

【問題 22】 給水装置の構造及び材質の基準に定める逆流防止に関する基準に関する次の記述の正誤の組み合わせのうち，<u>適当なものはどれか。</u>

ア　減圧式逆流防止器は，厚生労働大臣が定める逆流防止に関する試験（以下，「逆流防止性能試験」という。）により 3 キロパスカル及び 1.5 メガパスカルの静水圧を 1 分間加えたとき，水漏れ，変形，破損その他の異常を生じないことが必要である。

イ　逆止弁及び逆流防止装置を内部に備えた給水用具は，逆流防止性能試験により 3 キロパスカル及び 1.5 メガパスカルの静水圧を 1 分間加えたとき，水漏れ，変形，破損その他の異常を生じないこと。

ウ　減圧式逆流防止器は，厚生労働大臣が定める負圧破壊に関する試験（以下，「負圧破壊性能試験」という。）により流出側からマイナス 54 キロパスカルの圧力を加えたとき，減圧式逆流防止器に接続した透明管内の水位の上昇が 75 ミリメートルを超えないことが必要である。

エ　バキュームブレーカは，負圧破壊性能試験により流出側からマイナス 54 キロパスカルの圧力を加えたとき，バキュームブレーカに接続した透明管内の水位の上昇が 3 ミリメートルを超えないこととされている。

	ア	イ	ウ	エ
(1)	正	正	誤	誤
(2)	誤	誤	正	正
(3)	誤	正	正	誤
(4)	正	誤	誤	正

【問題　23】　水撃防止に関する次の記述の正誤の組み合わせのうち，<u>適当なものはどれか。</u>

　ア　給水管におけるウォータハンマを防止するには，基本的に管内流速を速くする必要がある。

　イ　ウォータハンマが発生するおそれのある箇所には，その手前に近接して水撃防止器具を設置する。

　ウ　複式ボールタップは単式ボールタップに比べてウォータハンマが発生しやすくなる傾向があり，注意が必要である。

　エ　水槽にボールタップで給水する場合は，必要に応じて波立ち防止板等を設置する。

	ア	イ	ウ	エ
(1)	正	誤	正	誤
(2)	誤	正	誤	正
(3)	誤	正	正	誤
(4)	正	誤	誤	正

【問題　24】　金属管の侵食に関する次の記述のうち，<u>不適当なものはどれか。</u>

　(1)　埋設された金属管が異種金属の管や継手，ボルト等と接触していると，自然電位の低い金属と自然電位の高い金属との間に電池が形成され，自然電位の高い金属が侵食される。

　(2)　マクロセル侵食とは，埋設状態にある金属材質，土壌，乾湿，通気性，pH，溶解成分の違い等の異種環境での電池作用による侵食をいう。

　(3)　金属管が鉄道，変電所等に近接して埋設されている場合に，漏洩電流による電気分解作用により侵食を受ける。

　(4)　地中に埋設した鋼管が部分的にコンクリートと接触している場合，アルカリ性のコンクリートに接している部分の電位が，コンクリートと接触していない部分より高くなって腐食電池が形成され，コンクリートと接触していない部分が侵食される。

【問題 25】 クロスコネクションに関する次の記述の正誤の組み合わせのうち，<u>適当なものはどれか</u>。

ア　クロスコネクションは，水圧状況によって給水装置内に工業用水，排水，ガス等が逆流するとともに，配水管を経由して他の需要者にまでその汚染が拡大する非常に危険な配管である。

イ　給水管と井戸水配管は，両管の間に逆止弁を設置し，逆流防止の措置を講じれば，直接連結することができる。

ウ　給水装置と受水槽以下の配管との接続はクロスコネクションではない。

エ　給水装置と当該給水装置以外の水管，その他の設備とは，一時的な仮設であればこれを直接連結することができる。

	ア	イ	ウ	エ
(1)	誤	正	正	誤
(2)	正	誤	誤	誤
(3)	正	誤	正	誤
(4)	誤	誤	誤	正

【問題 26】 水道水の汚染防止に関する次の記述のうち，<u>不適当なものはどれか</u>。

(1)　鉛製給水管が残存している給水装置において変更工事を行ったとき，需要者の承諾を得て，併せて鉛製給水管の布設替えを行った。

(2)　末端部が行き止まりの給水装置は，停滞水が生じ，水質が悪化するおそれがあるので避けた。

(3)　配管接合用シール材又は接着剤は，これらの物質が水道水に混入し，油臭，薬品臭等が発生する場合があるので，使用量を必要最小限とした。

(4)　給水管路を敷設するルート上に有毒薬品置場，有害物の取扱場等の汚染源があるので，さや管などで適切な防護措置を施した。

【問題　27】　下図のように，呼び径 $\phi 20$ mm の給水管からボールタップを通して水槽に給水している。この水槽を利用するときの確保すべき吐水空間に関する次の記述のうち，<u>適当なものはどれか</u>。

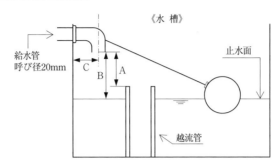

(1)　図中の距離Aを 25 mm 以上，距離Cを 25 mm 以上確保する。
(2)　図中の距離Bを 40 mm 以上，距離Cを 40 mm 以上確保する。
(3)　図中の距離Aを 40 mm 以上，距離Cを 40 mm 以上確保する。
(4)　図中の距離Bを 50 mm 以上，距離Cを 50 mm 以上確保する。

【問題　28】　給水装置の凍結防止対策に関する次の記述のうち，<u>不適当なものはどれか</u>。
(1)　水抜き用の給水用具以降の配管は，配管が長い場合には，万一凍結した際に，解氷作業の便を図るため，取外し可能なユニオン，フランジ等を適切な箇所に設置する。
(2)　水抜き用の給水用具以降の配管は，管内水の排水が容易な構造とし，できるだけ鳥居配管やU字形の配管を避ける。
(3)　水抜き用の給水用具は，水道メーター下流で屋内立上り管の間に設置する。
(4)　内部貯留式不凍給水栓は，閉止時（水抜き操作）にその都度，揚水管内（立上り管）の水を貯留部に流下させる構造であり，水圧に関係なく設置場所を選ばない。

【問題　29】　給水装置の構造及び材質の基準に定める耐寒に関する基準（以下，本問においては「耐寒性能基準」という。）及び厚生労働大臣が定める耐寒に関する試験（以下，本問においては「耐寒性能試験」という。）に関する次の記述のうち，<u>不適当なものはどれか。</u>

(1)　耐寒性能基準は，寒冷地仕様の給水用具か否かの判断基準であり，凍結のおそれがある場所において設置される給水用具はすべてこの基準を満たしていなければならないわけではない。

(2)　凍結のおそれがある場所に設置されている給水装置のうち弁類にあっては，耐寒性能試験により零下20度プラスマイナス2度の温度で24時間保持したのちに通水したとき，当該給水装置に係る耐圧性能，水撃限界性能，逆流防止性能及び負圧破壊性能を有するものでなければならない。

(3)　低温に暴露した後確認すべき性能基準項目から浸出性能を除いたのは，低温暴露により材質等が変化することは考えられず，浸出性能に変化が生じることはないと考えられることによる。

(4)　耐寒性能基準においては，凍結防止の方法は水抜きに限定しないこととしている。

給水装置計画論

【問題　30】　直結給水システムの計画・設計に関する次の記述のうち，不適当なものはどれか。

(1)　給水システムの計画・設計は，当該水道事業者の直結給水システムの基準に従い，同時使用水量の算定，給水管の口径決定，ポンプ揚程の決定等を行う。

(2)　給水装置工事主任技術者は，既設建物の給水設備を受水槽式から直結式に切り替える工事を行う場合は，当該水道事業者の担当部署に建物規模や給水計画等の情報を持参して協議する。

(3)　直結加圧形ポンプユニットは，末端最高位の給水用具に一定の余裕水頭を加えた高さまで水位を確保する能力を持ち，安定かつ効率的な性能の機種を選定しなければならない。

(4)　給水装置は，給水装置内が負圧になっても給水装置から水を受ける容器などに吐出した水が給水装置内に逆流しないよう，末端の給水用具又は末端給水用具の直近の上流側において，吸排気弁の設置が義務付けられている。

【問題　31】　受水槽式給水に関する次の記述のうち，**不適当なもの**はどれか。

(1) ポンプ直送式は，受水槽に受水したのち，使用水量に応じてポンプの運転台数の変更や回転数制御によって給水する方式である。

(2) 圧力水槽式は，受水槽に受水したのち，ポンプで圧力水槽に貯え，その内部圧力によって給水する方式である。

(3) 配水管の水圧が高いときは，受水槽への流入時に給水管を流れる流量が過大となるため，逆止弁を設置することが必要である。

(4) 受水槽式は，配水管の水圧が変動しても受水槽以降では給水圧，給水量を一定の変動幅に保持できる。

【問題　32】　給水方式の決定に関する次の記述の正誤の組み合わせのうち，**適当なもの**はどれか。

ア　直結式給水は，配水管の水圧で直接給水する方式（直結直圧式）と，給水管の途中に圧力水槽を設置して給水する方式（直結増圧式）がある。

イ　受水槽式給水は，配水管から分岐し受水槽に受け，この受水槽から給水する方式であり，受水槽出口で配水系統と縁が切れる。

ウ　水道事業者ごとに，水圧状況，配水管整備状況等により給水方式の取扱いが異なるため，その決定に当たっては，設計に先立ち，水道事業者に確認する必要がある。

エ　給水方式には，直結式，受水槽式及び直結・受水槽併用式があり，その方式は給水する高さ，所要水量，使用用途及び維持管理面を考慮し決定する。

	ア	イ	ウ	エ
(1)	誤	正	正	誤
(2)	正	誤	誤	正
(3)	誤	誤	正	正
(4)	正	正	誤	誤

【問題　33】　直結式給水による 12 戸の集合住宅での同時使用水量として，次のうち，適当なものはどれか。

　ただし，同時使用水量は，標準化した同時使用水量により計算する方法によるものとし，1 戸当たりの末端給水用具の個数と使用水量，同時使用率を考慮した末端給水用具数，並びに集合住宅の給水戸数と同時使用戸数率は，それぞれ表－1 から表－3 のとおりとする。

(1)　240 L/分
(2)　270 L/分
(3)　300 L/分
(4)　330 L/分

表－1　1 戸当たりの給水用具の個数と使用水量

給水用具	個数	使用水量（L/分）
台所流し	1	12
洗濯流し	1	12
洗面器	1	8
浴槽（和式）	1	20
大便器（洗浄タンク）	1	12

表－2　末端給水用具数と同時使用水量比

総末端給水用具数	1	2	3	4	5	6	7	8	9	10	15	20	30
同時使用水量比	1.0	1.4	1.7	2.0	2.2	2.4	2.6	2.8	2.9	3.0	3.5	4.0	5.0

表－3　給水戸数と同時使用戸数率

給水戸数	1〜3	4〜10	11〜20	21〜30	31〜40	41〜60	61〜80	81〜100
同時使用個数率(率)	100	90	80	70	65	60	55	50

【問題　34】　受水槽式給水による従業員数 140 人（男子 80 人，女子 60 人）の事務所における標準的な受水槽容量の範囲として，次のうち，適当なものはどれか。

　ただし，1 人 1 日当たりの使用水量は，男子 50 L，女子 100 L とする。

(1)　4 m³〜6 m³
(2)　6 m³〜8 m³
(3)　8 m³〜10 m³
(4)　10 m³〜12 m³

【問題　35】　**図-1**に示す給水装置における直結加圧形ポンプユニットの吐水圧（圧力水頭）として，次のうち，<u>適当なもの</u>はどれか。

　　ただし，給水管の摩擦損失水頭と逆止弁による損失水頭は考慮するが，管の曲がりによる損失水頭は考慮しないものとし，給水管の流量と動水勾配の関係は，**図-2**を用いるものとする。また，計算に用いる数値条件は次のとおりとする。

① 給水栓の使用水量 　　　　　　　　　　30 L/分
② 給水管及び給水用具の口径 　　　　　　20 mm
③ 給水栓を使用するために必要な圧力 　　5 m
④ 逆止弁の損失水頭 　　　　　　　　　　10 m

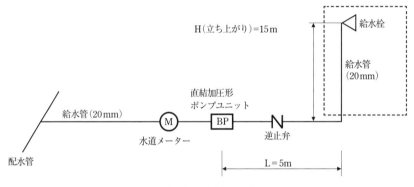

図-1　給水装置図

(1)　23 m
(2)　28 m
(3)　33 m
(4)　38 m

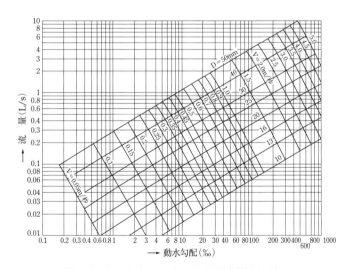

図-2　ウエストン公式による給水管の流量図

給水装置工事事務論

【問題 36】 給水装置工事主任技術者（以下，本問においては「主任技術者」という。）の職務に関する次の記述のうち，<u>不適当なもの</u>はどれか。

(1) 主任技術者は，事前調査においては，地形，地質はもとより既存の地下埋設物の状況等について，十分調査を行わなければならない。

(2) 主任技術者は，当該給水装置工事の施主から，工事に使用する給水管や給水用具を指定される場合がある。それらが，給水装置の構造及び材質の基準に適合しないものであれば，使用できない理由を明確にして施主に説明しなければならない。

(3) 主任技術者は，職務の一つとして，工事品質を確保するために，現場ごとに従事者の技術的能力の評価を行い，指定給水装置工事事業者に報告しなければならない。

(4) 主任技術者は，給水装置工事の検査にあたり，水道事業者の求めに応じて検査に立ち会う。

【問題 37】 給水装置工事における給水装置工事主任技術者（以下，本問においては「主任技術者」という。）の職務に関する次の記述の正誤の組み合わせのうち，<u>適当なもの</u>はどれか。

ア 主任技術者は，調査段階，計画段階に得られた情報に基づき，また，計画段階で関係者と調整して作成した施工計画書に基づき，最適な工程を定めそれを管理しなければならない。

イ 主任技術者は，工事従事者の安全を確保し，労働災害の防止に努めるとともに，水系感染症に注意して水道水を汚染しないよう，工事従事者の健康を管理しなければならない。

ウ 主任技術者は，配水管と給水管の接続工事や道路下の配管工事については，水道施設の損傷，漏水による道路の陥没等の事故を未然に防止するため，必ず現場に立ち会い施行上の指導監督を行わなければならない。

エ 主任技術者は，給水装置工事の事前調査において，技術的な調査を行うが，必要となる官公署等の手続きを漏れなく確実に行うことができるように，関係する水道事業者の供給規程のほか，関係法令等も調べる必要がある。

	ア	イ	ウ	エ
(1)	正	正	誤	正
(2)	誤	誤	正	誤
(3)	誤	正	誤	正
(4)	正	誤	正	誤

【問題　38】　指定給水装置工事事業者（以下，本問においては「工事事業者」という。）に関する次の記述のうち，不適当なものはどれか。

(1)　水道事業者より工事事業者の指定を受けようとする者は，当該水道事業者の給水区域について工事の事業を行う事業所の名称及び所在地等を記載した申請書を，水道事業者に提出しなければならない。この場合，事業所の所在地は当該水道事業者の給水区域内でなくともよい。

(2)　工事事業者は，配水管から分岐して給水管を設ける工事及び給水装置の配水管への取付口から水道メーターまでの工事を施行するときは，あらかじめ当該給水区域の水道事業者の承認を受けた工法及び工期に適合するように当該工事を施行しなければならない。

(3)　工事事業者の指定の取り消しは，水道法の規定に基づく事由に限定するものではない。水道事業者は，条例などの供給規程により当該給水区域だけに適用される指定の取消事由を定めることが認められている。

(4)　水道法第16条の2では，水道事業者は，供給規程の定めるところにより当該水道によって水の供給を受ける者の給水装置が当該水道事業者又は工事事業者の施行した給水装置工事に係るものであることを供給条件とすることができるとされているが，厚生労働省令で定める給水装置の軽微な変更は，この限りでない。

【問題　39】　給水装置工事に係る記録の作成，保存に関する次の記述のうち，不適当なものはどれか。

(1)　給水装置工事に係る記録及び保管については，電子記録を活用することもできるので，事務の遂行に最も都合がよい方法で記録を作成して保存する。

(2)　指定給水装置工事事業者は，給水装置工事の施主の氏名又は名称，施行場所，竣工図，品質管理の項目とその結果等について記録を作成しなければならない。

(3)　給水装置工事の記録については，特に様式が定められているものではないが，記録を作成し5年間保存しなければならない。

(4)　給水装置工事の記録作成は，指名された給水装置工事主任技術者が作成することになるが，給水装置工事主任技術者の指導・監督のもとで他の従業員が行ってもよい。

【問題　40】　給水装置工事の構造及び材質の基準に関する省令に関する次の記述のうち，不適当なものはどれか。

(1)　厚生労働省の給水装置データベースのほかに，第三者認証機関のホームページにおいても，基準適合品の情報提供サービスが行われている。

(2)　給水管及び給水用具が基準適合品であることを証明する方法としては，製造業者等が自らの責任で証明する自己認証と製造業者等が第三者機関に証明を依頼する第三者認証がある。

(3)　自己認証とは，製造業者が自ら又は製品試験機関等に委託して得たデータや作成した資料によって行うもので，基準適合性の証明には，各製品が設計段階で基準省令に定める性能基準に適合していることの証明で足りる。

(4)　性能基準には，耐圧性能，浸出性能，水撃限界性能，逆流防止性能，負圧破壊性能，耐寒性能及び耐久性能の7項目がある。

「学科試験2」試験問題

次の注意事項を解答用紙と対比しながら声を出さずに読んで下さい。

1. 解答用紙の受験番号の確認

   解答用紙の所定欄に，あなたの受験番号が印刷してありますので，確認して下さい。記載内容に誤りがある場合は，手を上げて下さい。

2. 解答用紙への氏名及びフリガナの記入

   解答用紙の所定欄に，あなたの氏名を記入するとともに，フリガナをカタカナで記入して下さい。

3. 注意事項の表紙への受験番号及び氏名の記入

   この注意事項の表紙の所定欄に，あなたの受験番号及び氏名を記入して下さい。

4. 試験問題数及び解答時間

   学科試験2の試験問題数は20問で，解答時間は60分です。

5. 解答方法

⑴ 解答方法はマークシート方式です。各試験問題には⑴から⑷までの4通りの答えがありますので，そのうち質問に適した答えを一つ選び，次の例にならって解答用紙にマーク（塗りつぶす）して下さい。

   なお，一つの試験問題で二つ以上マークすると誤りとなりますので注意して下さい。

   〔例〕問題1　次のうち，日本一高い山はどれか。

   　　　⑴　阿蘇山

   　　　⑵　浅間山

   　　　⑶　富士山

   　　　⑷　槍ヶ岳

   正解は⑶ですから，次のように解答用紙の③をマークして下さい。

問題番号	解　答　欄			
問題1	①	②	●	④

165

(2) 採点は機械によって行いますので，解答は HB の鉛筆を使用し，◯の外にはみ出さないようにマークして下さい。ボールペンは使用しないで下さい。

なお，シャープペンシルを使用する場合は，なるべく芯の太いものを使用して下さい。

　良い解答の例……●

　悪い解答の例……Ⓦ Ⓥ ⊗ ⊖ ⊖ ⊙ ◖ ●

(3) 一度マークしたところを訂正する場合は，消しゴムで消し残りのないように完全に消して下さい。なお，砂消しゴムは，解答用紙を傷つけたり，よごす恐れがありますので使用してはいけません。

　鉛筆の跡が残ったり，◆のような消し方をした場合は，訂正したことにはなりませんので注意して下さい。

(4) 解答用紙は，折り曲げたり，チェックやメモ書きなどで汚したりしないように特に注意して下さい。

6. その他の注意事項

(1) 試験問題の内容に関する質問には一切お答えしません。

(2) 解答用紙を持ち帰ることは認めません。

(3) 途中退室は試験開始30分後から試験終了15分前までの間は認めますが，その前後の途中退室は認めません。

(4) 途中退室する際には，着席したままで手を上げて下さい。

　監督員があなたの解答用紙を回収し，退室の指示があるまで席を立たないで下さい。

(5) 一度退室すると試験終了後，指示があるまで再入室できません。

(6) 試験終了後は，監督員が全員の解答用紙を回収し確認作業を行いますので，監督員の指示があるまで席を立たないで下さい。

(7) 試験問題は，試験終了後の持ち帰りは認めますが，途中退室する際の持ち出しは認めません。

　途中退室された方が試験問題を必要とする場合は，試験終了後，再入室を許可する旨の指示を受けてから，再入室して自席のものをお持ち帰り下さい。許可するまでは再入室を認めません。

給水装置の概要

【問題　41】　給水装置に関する次の記述の正誤の組み合わせのうち，適当なものはどれか。

ア　給水装置は，水道事業者の施設である配水管から分岐して設けられた給水管及びこれに直結する給水用具で構成され，需要者が他の所有者の給水装置から分岐承諾を得て設けた給水管及び給水用具は給水装置にはあたらない。

イ　水道法で定義している「直結する給水用具」とは，配水管に直結して有圧のまま給水できる給水栓等の給水用具をいい，ホース等，容易に取外しの可能な状態で接続される器具は含まれない。

ウ　給水装置工事の費用の負担区分は，水道法に基づき，水道事業者が供給規程に定めることになっており，この供給規程では給水装置工事の費用は，原則として需要者の負担としている。

エ　マンションにおいて，給水管を経由して水道水をいったん受水槽に受けて給水する設備でも戸別に水道メーターが設置されている場合は，受水槽以降も給水装置にあたる。

```
     ア   イ   ウ   エ
(1)  正   誤   誤   正
(2)  正   正   誤   誤
(3)  誤   正   誤   正
(4)  誤   正   正   誤
```

【問題　42】　給水管に関する次の記述の正誤の組み合わせのうち，適当なものはどれか。

ア　ステンレス鋼鋼管は，ステンレス鋼帯から自動造管機により製造される管で，強度的に優れ，軽量化しているので取扱いが容易である。

イ　架橋ポリエチレン管は，耐熱性，耐寒性及び耐食性に優れ，軽量で柔軟性に富んでおり，有機溶剤，ガソリン，灯油等は浸透しない。

ウ　銅管は，アルカリに侵されず，スケールの発生も少なく，耐食性に優れているため薄肉化しているので，軽量で取扱いが容易である。

エ　硬質塩化ビニルライニング鋼管は，鋼管の内面に硬質塩化ビニルをライニングした管で，機械的強度は小さい。

	ア	イ	ウ	エ
(1)	正	誤	正	誤
(2)	誤	正	誤	正
(3)	正	誤	誤	正
(4)	誤	正	正	誤

【問題 43】 給水管の接合及び継手に関する次の記述の ☐ 内に入る語句の組み合わせのうち, <u>適当なもの</u>はどれか。

① ステンレス鋼鋼管の主な継手には, 伸縮可とう式継手と ☐ ア ☐ がある。

② 硬質ポリ塩化ビニル管の主な接合方法には, ☐ イ ☐ による TS 接合とゴム輪による RR 接合がある。

③ 架橋ポリエチレン管の主な継手には, ☐ ウ ☐ と電気融着式継手がある。

④ 硬質塩化ビニルライニング鋼管のねじ接合には, ☐ エ ☐ を使用しなければならない。

	ア	イ	ウ	エ
(1)	プレス式継手	接着剤	メカニカル式継手	管端防食継手
(2)	プッシュオン継手	ろう付	メカニカル式継手	金属継手
(3)	プッシュオン継手	接着剤	フランジ継手	管端防食継手
(4)	プレス式継手	ろう付	フランジ継手	金属継手

【問題 44】 湯沸器に関する次の記述の正誤の組み合わせのうち, <u>適当なもの</u>はどれか。

ア 給水装置として取扱われる貯湯湯沸器は, 労働安全衛生令に規定するボイラー及び小型ボイラーに該当する。

イ 瞬間湯沸器は, 給湯に連動してガス通路を開閉する機構を備え, 最高 85℃ 程度まで温度を上げることができるが, 通常は 40℃ 前後で使用される。

ウ 太陽熱利用貯湯湯沸器では, 太陽集熱装置系内に水道水が循環する水道直結型としてはならない。

エ 貯蔵湯沸器は, ボールタップを備えた器内の容器に貯水した水を, 一定温度に加熱して給湯する給水用具であり, 水圧がかからないため湯沸器設置場所でしか湯を使うことができない。

	ア	イ	ウ	エ
(1)	誤	正	誤	正
(2)	誤	誤	正	正
(3)	正	正	誤	誤
(4)	正	誤	誤	正

【問題 45】 給水用具に関する次の記述のうち，**不適当なもの**はどれか。

(1) 2ハンドル式の混合水栓は，湯側・水側の2つのハンドルを操作し，吐水・止水，吐水量の調整，吐水温度の調整ができる。

(2) ミキシングバルブは，湯・水配管の途中に取付けて，湯と水を混合し，設定流量の湯を吐水するための給水用具であり，ハンドル式とサーモスタット式がある。

(3) ボールタップは，フロートの上下によって自動的に弁を開閉する構造になっており，水洗便器のロータンクや，受水槽に給水する給水用具である。

(4) 大便器洗浄弁は，大便器の洗浄に用いる給水用具であり，バキュームブレーカを付帯するなど逆流を防止する構造となっている。

【問題 46】 直結加圧形ポンプユニットに関する次の記述の正誤の組み合わせのうち，**適当なもの**はどれか。

ア 直結加圧形ポンプユニットは，給水装置に設置して中高層建物に直接給水することを目的に開発されたポンプ設備で，その機能に必要な構成機器すべてをユニットにしたものである。

イ 直結加圧形ポンプユニットの構成は，ポンプ，電動機，制御盤，流水スイッチ，圧力発信器，圧力タンク，副弁付定水位弁をあらかじめ組み込んだユニット形式となっている場合が多い。

ウ 直結加圧形ポンプユニットは，ポンプを複数台設置し，1台が故障しても自動切替えにより給水する機能や運転の偏りがないように自動的に交互運転する機能等を有している。

エ 直結加圧形ポンプユニットの圧力タンクは，停電によりポンプが停止したとき，蓄圧機能により圧力タンク内の水を供給することを目的としたものである。

	ア	イ	ウ	エ
(1)	誤	正	誤	正
(2)	誤	誤	正	正
(3)	正	正	誤	誤
(4)	正	誤	正	誤

【問題 47】 給水用具に関する次の記述のうち，<u>不適当なもの</u>はどれか。

(1) 減圧弁は，調節ばね，ダイヤフラム，弁体等の圧力調整機構によって，一次側の圧力が変動しても，二次側を一次側より低い一定圧力に保持する給水用具である。

(2) 安全弁（逃し弁）は，水圧が設定圧力よりも上昇すると，弁体が自動的に開いて過剰圧力を逃し，圧力が所定の値に降下すると閉じる機能を持つ給水用具である。

(3) 玉形弁は，弁体が球状のため 90° 回転で全開，全閉することのできる構造であり，全開時の損失水頭は極めて小さい。

(4) 仕切弁は，弁体が鉛直に上下し，全開・全閉する構造であり，全開時の損失水頭は極めて小さい。

【問題 48】 水道メーターに関する次の記述の正誤の組み合わせのうち，<u>適当なもの</u>はどれか。

ア 水道メーターの遠隔指示装置は，中高層集合住宅や地下街などにおける検針の効率化，また積雪によって検針が困難な場所などに有効である。

イ たて形軸流羽根車式水道メーターは，メーターケースに流入した水流が，整流器を通って，水平に設置された螺旋状羽根車に沿って流れ，羽根車を回転させる構造であり，よこ形軸流羽根車式に比べ損失水頭が小さい。

ウ 水道メーターは，各水道事業者により使用する形式が異なるため，設計に当たっては，あらかじめこれらを確認する必要がある。

エ 水道メーターの指示部の形態は，計量値をアナログ表示する直読式と，計量値をデジタル表示する円読式がある。

	ア	イ	ウ	エ
(1)	正	正	誤	誤
(2)	誤	誤	正	正
(3)	正	誤	正	誤
(4)	誤	正	誤	正

【問題　49】　水道メーターに関する次の記述のうち，<u>不適当なもの</u>はどれか。
(1)　水道メーターの遠隔指示装置は，発信装置（又は記憶装置），信号伝達部（ケーブル）及び受信器から構成される。
(2)　水道メーターの計量部の形態で，複箱形とは，メーターケースの中に別の計量室（インナーケース）をもち，複数のノズルから羽根車に噴射水流を与える構造のものである。
(3)　電磁式水道メーターは，給水管と同じ呼び径の直管で機械的可動部がないため耐久性に優れ，小流量から大流量まで広範囲な計測に適する。
(4)　水道メーターの指示部の形態で，機械式とは，羽根車に永久磁石を取付けて，羽根車の回転を磁気センサで電気信号として検出し，集積回路により演算処理して，通過水量を液晶表示する方式である。

【問題　50】　給水用具の故障と対策に関する次の記述のうち，<u>不適当なもの</u>はどれか。
(1)　小便器洗浄弁の吐出量が多いので原因を調査した。その結果，調節ねじを開け過ぎていたので，調節ねじを右に回して吐出量を減らした。
(2)　水栓から漏水していたので原因を調査した。その結果，弁座に軽度の摩耗が認められたので，パッキンを取り替えた。
(3)　ボールタップ付ロータンクの水が止まらなかったので原因を調査した。その結果，リング状の鎖がからまっていたので，鎖を2輪分短くした。
(4)　大便器洗浄弁から常に少量の水が流出していたので原因を調査した。その結果，ピストンバルブと弁座の間に異物がかみ込んでいたので，ピストンバルブを取外し異物を除いた。

給水装置施工管理法

【問題 51】 給水装置工事の工程管理に関する次の記述の 内に入る語句の組み合わせのうち，適当なものはどれか。

工程管理は， ア に定めた工期内に工事を完了するため，事前準備の イ や水道事業者，建設業者，道路管理者，警察署等との調整に基づき工程管理計画を作成し，これに沿って，効率的かつ経済的に工事を進めて行くことである。

工程管理するための工程表には， ウ ，ネットワーク等があるが，給水装置工事の工事規模の場合は， ウ 工程表が一般的である。

	ア	イ	ウ
(1)	契約書	材料手配	出来高累計曲線
(2)	契約書	現地調査	バーチャート
(3)	設計書	現地調査	出来高累計曲線
(4)	設計書	材料手配	バーチャート

【問題 52】 給水装置工事の施工管理に関する次の記述のうち，不適当なものはどれか。

(1) 工事着手後速やかに，現場付近住民に対し，工事の施行について協力が得られるよう，工事内容の具体的な説明を行う。

(2) 工事内容を現場付近住民や通行人に周知するため，広報板などを使用し，必要な広報措置を行う。

(3) 工事の施行に当たり，事故が発生し，又は発生するおそれがある場合は，直ちに必要な措置を講じたうえ，事故の状況及び措置内容を水道事業者や関係官公署に報告する。

(4) 工事の施行中に他の者の所管に属する地下埋設物，地下施設その他工作物の移設，防護，切り廻し等を必要とするときは，速やかに水道事業者や埋設管等の管理者に申し出て，その指示を受ける。

【問題 53】 給水装置工事の施工管理に関する次の記述のうち，不適当なものはどれか。

(1) 施工計画書には，現地調査，水道事業者等との協議に基づき作業の責任を明確にした施工体制，有資格者名簿，施工方法，品質管理項目及び方法，安全対策，緊急時の連絡体制と電話番号，実施工程表等を記載する。

(2) 配水管からの分岐以降水道メーターまでの工事は，道路上での工事を伴うことから，施工計画書を作成して適切な管理を行う必要があるが，水道メーター以降の工事は，宅地内での工事であることから，施工計画書を作成する必要がない。

(3) 常に工事の進捗状況について把握し，施工計画時に作成した工程表と実績とを比較して工事の円滑な進行を図る。

(4) 施工に当っては，施工計画書に基づき適正な施工管理を行う。具体的には，施工計画に基づく工程，作業時間，作業手順，交通規制等に沿って工事を施行し，必要の都度工事目的物の品質管理を実施する。

【問題 54】 配水管から分岐して設けられる給水装置工事に関する次の記述の正誤の組み合わせのうち，適当なものはどれか。

ア サドル付分水栓を鋳鉄管に取付ける場合，鋳鉄管の外面防食塗装に適した穿孔ドリルを使用する。

イ 給水管及び給水用具は，給水装置の構造及び材質の基準に関する省令の性能基準に適合したもので，かつ検査等により品質確認がされたものを使用する。

ウ サドル付分水栓の取付けボルト，給水管及び給水用具の継手等で締付けトルクが設定されているものは，その締付け状況を確認する。

エ 配水管が水道配水用ポリエチレン管でサドル付分水栓を取付けて穿孔する場合，防食コアを装着する。

	ア	イ	ウ	エ
(1)	誤	正	正	誤
(2)	正	誤	誤	正
(3)	誤	誤	正	正
(4)	正	正	誤	誤

【問題 55】 給水装置工事の品質管理について，穿孔後に現場において確認すべき水質項目の次の組み合わせについて，適当なものはどれか。

(1)	pH 値 ，	におい，	濁 り，	水温，	味
(2)	残留塩素，	TOC ，	pH 値，	水温，	色
(3)	pH 値 ，	濁 り，	水 温，	色 ，	味
(4)	残留塩素，	におい，	濁 り，	色 ，	味

【問題　56】　工事用電力設備における電気事故防止の基本事項に関する次の記述のうち，<u>不適当なもの</u>はどれか。

(1)　電力設備には，感電防止用漏電遮断器を設置し，感電事故防止に努める。

(2)　高圧配線，変電設備には，危険表示を行い，接触の危険のあるものには必ず柵，囲い，覆い等感電防止措置を行う。

(3)　水中ポンプその他の電気関係器材は，常に点検と補修を行い正常な状態で作動させる。

(4)　仮設の電気工事は，電気事業法に基づく「電気設備に関する技術基準を定める省令」等により給水装置工事主任技術者が行う。

【問題　57】については，問題の選択肢として適切でない表現があったので，掲載していない。

【問題　58】　建設業法第 26 条に関する次の記述の　　　　内に入る語句の組み合わせのうち，<u>適当なもの</u>はどれか。

　発注者から直接建設工事を請け負った　ア　は，下請契約の請負代金の額（当該下請契約が二つ以上あるときは，それらの請負代金の総額）が　イ　万円以上になる場合においては，　ウ　を置かなければならない。

	ア	イ	ウ
(1)	特定建設業者	1,000	主任技術者
(2)	一般建設業者	4,000	主任技術者
(3)	一般建設業者	1,000	監理技術者
(4)	特定建設業者	4,000	監理技術者

【問題 59】 労働安全衛生法に定める作業主任者に関する次の記述の 内に入る語句の組み合わせのうち，適当なものはどれか。

事業者は，労働災害を防止するための管理を必要とする ア で定める作業については， イ の免許を受けた者又は イ あるいは イ の指定する者が行う技能講習に修了した者のうちから， ウ で定めるところにより，作業の区分に応じて，作業主任者を選任しなければならない。

	ア	イ	ウ
(1)	法律	都道府県労働局長	条例
(2)	政令	都道府県労働局長	厚生労働省令
(3)	法律	厚生労働大臣	条例
(4)	政令	厚生労働大臣	厚生労働省令

【問題 60】 建築物の内部，屋上又は最下階の床下に設ける給水タンク及び貯水タンク（以下「給水タンク等」という）の配管設備の構造方法に関する次の記述のうち，不適当なものはどれか。
(1) 給水タンク等の天井は，建築物の他の部分と兼用できる。
(2) 給水タンク等の内部には，飲料水の配管設備以外の配管設備を設けない。
(3) 給水タンク等の上にポンプ，ボイラー，空気調和機等の機器を設ける場合においては，飲料水を汚染することのないように衛生上必要な措置を講ずる。
(4) 最下階の床下その他浸水によりオーバーフロー管から水が逆流するおそれのある場所に給水タンク等を設置する場合にあっては，浸水を容易に覚知することができるよう浸水を検知し警報する装置の設置その他の措置を講じる。

（編修委員会）　横　手　幸　伸
　　　　　　　　鈴　木　弘　一
　　　　　　　　田　中　和　美
　　　　　　　　中　村　　　勉

令和6年度版
給水装置工事　出題順問題集

| 2024年4月15日 | 初 版 印 刷 |
| 2024年4月22日 | 初 版 発 行 |

執 筆 者　　横　手　幸　伸（ほか上記3名）
発 行 者　　澤　崎　明　治

（印刷）中央印刷　（製本）三省堂印刷
（トレース）丸山図芸社

発行所　　株式会社市ケ谷出版社
　　　　　東京都千代田区五番町5
　　　　　電話　03-3265-3711（代）
　　　　　FAX　03-3265-4008
　　　　　http://www.ichigayashuppan.co.jp

Ⓒ 2024　　ISBN 978-4-86797-372-1

令和6年度版（2024年度版）

給水装置工事 出題順問題集

給水装置工事主任技術者試験　学科試験1，2

解　答　試　案

市ヶ谷出版社

給水装置工事主任技術者試験
令和 5 年度試験問題 **解答試案**
(2023 年度)

市ケ谷出版社

問題番号	解答番号	ワンポイント解説

「学科試験 1」
公衆衛生概論

1	(2)	貯水施設とは,渇水時においても必要量の<u>原水</u>を貯留する施設である。不適当である。
2	(4)	<u>遊離残留塩素は 0.1 mg/L 以上,結合残留塩素の場合は 0.4 mg/L 以上</u>保持しなければならない。不適当である。
3	(2)	イタイイタイ病は<u>カドミウム</u>が主な原因物質とされている。不適当である。

水道行政

4	(2)	規則第十五条第 1 項一号にて,<u>1 日 1 回以上行う色及び濁り並びに消毒の残留効果に関する検査</u>が規定されており,1 週間ではない。 したがって,(2) が不適当である。
5	(5)	規則第五十五条第 1 項第四号にて,「供給する水が人の健康を害するおそれがあることを知つたときは,<u>直ちに給水を停止し</u>,かつ,その水を使用することが危険である旨を関係者に周知させる措置を講ずること」とあり,給水を停止しなければならない。 したがって,(5) が不適当である。
6	(1)	法第三条にて以下が規定されている。 イ　工場プレハブで加工し生産する住宅に工場内で給水管及び給水用具を設置する作業は,<u>給水設置工事に該当しない</u>。 ウ　水道メーターは,<u>水道事業者の所有</u>であるが,給水装置である。 エ　給水管を接続するための継手は,<u>給水用具に該当する</u>。 アは正しい。 したがって,(1) の組み合わせが適当である。

問題番号	解答番号	ワンポイント解説
7	(1)	ア，イは正しい。 ウ　法第三十二条他にて，専用水道については，都道府県知事（市又は特別区の長）へ各種申請，届出行い，施設基準への適合性を審査・監督するとあり，市町村長の許可を受けることは不要である。 エ　法第十四条第4項にて，水道事業者は，供給規定を，その実施の日までに一般に周知させる措置を取らなければならないとあり，需要に適合の証明ではない。 したがって，(1)の組み合わせが適当である。
8	(2)	法第十五条第2項には，「水道事業者は，当該水道により給水を受ける者に対し，常時水を供給しなければならない。」と規定されており，給水区域うちの需要者が水の供給を受ける場合，当該水道事業者以外の水道事業者を選択できない。 したがって，(2)が不適当である。
9	(3)	法第十三条第1項にて，水道事業者は配水施設以外の水道施設又は配水池を新設し，増設し，又は改造した場合において，給水を開始する前に水質検査及び施設検査を行わなければならないとされており，配水施設は含まれない。 したがって，(3)が不適当である。

給水装置工事法

問題番号	解答番号	ワンポイント解説
10	(5)	ア，ウ，エは正しい。 イ　ダクタイル鋳鉄管の配水管に分水栓を取り付けて穿孔をする場合は，穿孔断面の防食のために防食コアを装着するとされており，防錆剤を塗布するは誤りである。 したがって，(5)の組み合わせが適当である。
11	(1)	水道配水用ポリエチレン管からの分岐穿孔にて，「割T字管の取り付け後の試験水圧は，0.75 MPa 以下とする。ただし，割T字管を取り付けた管が老朽化している場合は，その内圧とする」とされており，1.75 MPa 以下は，誤りである。 したがって，(1)が不適当である。
12	(4)	道路法施行令第十一条の三第二号ロにて，「水管又はガス管の本館の頂部と路面との距離が1.2 m（工事実施上やむ得ない場合にあっては，0.6 m）を超えていること」とあり，解説では「土被りを標準又は規定値まで取れない場合は，道路管理者と協議することとし，必要な防護措置を施す」さらに「宅地部分における給水管の埋設深さは，荷重，衝撃等を考慮して0.3 m以上を標準とする」とされている。 したがって，(4)の組み合わせが適当である。

問題 番号	解答 番号	ワンポイント解説
13	(3)	イ，エは正しい。 ア　道路部分に埋設する管などの明示テープの地色は，埋設管の種類によって定められているので，道路管理者ごとに定められておりは，誤りである。 ウ　道路内に給水管を埋設する際には，水道事業者の指示により，指定された仕様の明示シートを指定された位置に設置しなければならないとあり，任意の位置に設置してよいは，誤りである。 したがって，(3)の組み合わせが適当である。
14	(1)	アは正しい。 イ　メーターバイパスユニットは，メーター取替え時の断水を回避するために設置するとされており，ウォータハンマーを回避するためは，誤りである。 ウ　水道メータの設置位置は，場合によっては地上に設置することになる。この場合は，損傷，凍結等に対して十分配慮する必要があるとされており，いかなる場合においても損傷，凍結を防止するため地中に設置しなければならないは，誤りである。 エ　水道メータの設置は，給水管分岐管に最も近接した宅地内とされており，家屋に最も近接した宅地内は誤りである。 したがって，(1)の組み合わせが適当である。
15	(3)	分岐する配水管からスプリンクラーヘッドまでの水理計算及び給水管，給水器具の選定は，消防設備士が行うとされており，給水装置工事主任技術者が行うは，誤りである。 したがって，(3)が不適当である。
16	(2)	ア，ウは正しい。 イ　「配水管等から分岐して最初に設置する止水栓の位置は，原則として宅地内の道路境界線の近くとする」とあり，道路境界線付近には止水栓を設置しないは，誤りである。 エ　高水圧が生じる場所は，配水管の位置に対して著しく低い箇所にある給水装置，直結増圧式給水による低層階部等とあり，高い箇所にある給水装置や直結増圧式給水による高層階は，誤りである。 したがって，(2)の組み合わせが適当である。
17	(3)	基準省令第一条第1項の解説にて，「家屋の主配管とは，口径や流量が最大の給水管を指し，一般的には，1階部分に布設された水道メーターと同口径の部分の配管がこれに該当する」とあり，配水管からの取り出し管と同口径は，誤りである。 したがって，(3)が不適当である。

問題番号	解答番号	ワンポイント解説
18	(4)	水道給水用ポリエチレン管の接合にて，EF継手の特徴として異形管部分の離脱防止対策は不要であるとされており，離脱防止対策は必要であるは，誤りである。したがって，(4)が不適当である。
19	(3)	日本ダクタイル鉄管協会発行の資料より，アはT形，イはGX形，ウはK形とされている。したがって，(3)の組み合わせが適当である。

給水装置の構造及び性能

問題番号	解答番号	ワンポイント解説
20	(3)	水道事業者は，当該水道によって水の供給を受ける者の給水装置の構造及び材質が政令で定める基準に適合していないときは，供給規程の定めるところにより，その者の給水契約の申込を拒み，又はその者が給水装置をその基準に適合させるまでの間その者に対する給水を停止することができる。したがって，(3)が正しい。
21	(2)	配水管の水圧に影響を及ぼすおそれのあるポンプに直接連結されていないこと。したがって，誤りである。
22	(2)	ふろ用の水栓は給水装置の浸出性能基準の適用対象外である。したがって，(2)が適当である。
23	(1)	耐久性能基準は，通常消費者が自らの意思で選択し，又は設置・交換しないような弁類に適用する。したがって，不適当である。
24	(3)	水栓その他水撃作用を生じるおそれのある給水用具は，厚生労働大臣が定める水撃限界に関する試験により当該給水用具内の流速をア 2m 毎秒又は当該給水用具内の動水圧をイ 0.15 MPa とする条件において給水用具の止水機構の急閉止（閉止する動作が自動的に行われる給水用具にあっては，自動閉止）をしたとき，その水撃作用により上昇する圧力がウ 1.5 MPa 以下である性能を有するものでなければならない。ただし，当該給水用具のエ 上流側に近接してエアチャンバーその他の水撃防止器具を設置すること等により適切な水撃防止のための措置が講じられているものにあっては，この限りでない。したがって，(3)の組み合わせが適当である。
25	(3)	ア，エは正しい。イ　電流が金属管に流入し，その後，流出する部分に浸食が起きる。誤りである。ウ　アルカリ性のコンクリートに接している部分の電位が，接していない部分より高くなって腐食電池が形成され，コンクリートに接していない部分が侵食される。誤りである。したがって，(3)の組み合わせが適当である。

問題番号	解答番号	ワ ン ポ イ ン ト 解 説
26	(5)	ア，ウは正しい。 イ　給水管と井戸水配管は<u>直接連結してはならない</u>。誤りである。 エ　一時的な仮設であっても<u>直接連結してはならない</u>。誤りである。 したがって，(5) の組み合わせが適当である。
27	(3)	吐水口中心から越流面（越流管上端）までの<u>距離 A は 50 mm 以上</u>，壁からの離れの<u>距離 C は 50 mm 以上</u>確保する。 したがって，(3) が適当である。
28	(2)	イ，ウ，エは正しい。 ア　圧力式バキュームブレーカは，常時圧力はかかるが<u>逆圧（背圧）のかからない配管</u>に設置する。誤りである。
29	(5)	凍結深度は，<u>ア　地中温度</u>が<u>イ　0℃</u>になるまでの地表からの深さとして定義され，気象条件の他，<u>ウ　土質や含水率</u>によって支配される。屋外配管は，凍結深度より<u>エ　深く</u>布設しなければならないが，下水道管等の地下埋設物の関係で，やむを得ず凍結深度より<u>オ　浅く</u>布設する場合，又は擁壁，側溝，水路等の側壁からの離隔が十分に取れない場合等凍結深度内に給水装置を設置する場合は保温材（発泡スチロール等）で適切な防寒措置を講じる。 したがって，(5) の組み合わせが適当である。

給水装置計画論

問題番号	解答番号	ワ ン ポ イ ン ト 解 説
30	(4)	ウ，エは正しい。 ア　建築確認は調査項目ではない。誤りである。 イ　<u>埋設物</u>管理者である。誤りである。 したがって，(4) の組み合わせが適当である。
31	(1)	ア，エは正しい。 イ　減圧弁，定流量弁等を設置する対策を講じる必要が<u>ある</u>。誤りである。 ウ　<u>高置水槽方式</u>の記述である。誤りである。 したがって，(1) の組み合わせが適当である。
32	(5)	<u>負圧破壊性能又は逆流防止性能</u>を有する給水用具の設置，あるいは<u>吐水口空間</u>の確保 が義務付けられている。 したがって，(5) が，不適当である。

問題 番号	解答 番号	ワンポイント解説
33	(4)	**表ー1**より，1戸当たりの使用水量を計算する。 12＋20＋10＋20＋12＝74 L/分 1戸当たりの末端給水用具，個数を計算する。 1＋1＋1＋1＋1＝5個 1末端給水用具当たりの平均使用水量を計算する。 74 L/分÷5個＝14.8 L/分 **表ー2**より，同時使用水量を求める。総末端給水用具5個は，同時使用水量比は 2.2なので。平均使用水量×同時使用水量比＝同時使用水量 14.8 L/分×2.2＝32.56 L/分 全戸使用水量は，25戸なので　32.56 L/分×25戸＝814 L/分 **表ー3**より，戸数21～30の時，同時使用戸数率は，70％なので，集合住宅での 同時使用水量を求める。全戸使用水量×同時使用戸数率％＝同時使用水量 814 L/分×70÷100＝569.8 L/分≒570 L/min したがって，(4)が最も近い値である。
34	(2)	**表ー1**より，同時使用のある給水栓はA，Dであるので，A～F間とD～F間の 所要水頭を計算し比較する。 A～F間は，**表ー1**より計画使用水量12 L/分 A～E間は，**図ー1**より口径13 mm，配管延長1.5 m，立ち上がり水頭1.5 m，**表 ー2**より器具の損失水頭0.8 m，**表ー3**より動水勾配230‰，配管延長×動水勾 配（千分率）＝所要水頭 1.5 m×230‰＝1.5×230÷1000＝0.345 m E～F間も同じく，口径20 mm，配管延長3.5 m，動水勾配40‰ 3.5 m×40‰＝3.5×40÷1000＝0.14 m A～E間所要水頭＋E～F間所要水頭＋立ち上がり水頭＋器具の損失水頭＝A～F 間全所要水頭 0.345 m＋0.14 m＋1.5 m＋0.8 m＝2.785 m D～F間は，口径13 mm，配管延長1.5 m，立ち上がり水頭1.5 m，計画使用水 量20 L/分，器具の損失水頭2.1 m，動水勾配600‰ 1.5 m×600‰＝1.5×600÷1000＝0.9 m 0.9 m＋1.5 m＋2.1 m＝4.5 m F点の所要水頭は，D～F間が多いので4.5 m。 F～G間は，**図ー1**より口径20 mm，配管延長5.0 m＋1.0 m＝6.0 m，立ち上が り水頭1.0 m，**表ー1**より計画使用水量12＋20＝32 L/分，**表ー2**より器具の損失 水頭1.5 m＋1.3 m＋0.5 m＝3.3 m，**表ー3**より動水勾配180‰

問題番号	解答番号	ワンポイント解説
		$6.0\,\mathrm{m}\times180‰=6.0\times180\div1000=1.08\,\mathrm{m}$ $1.08\,\mathrm{m}+1.0\,\mathrm{m}+3.3\,\mathrm{m}=5.38\,\mathrm{m}$ D〜G 間の全所要水頭は, $4.5\,\mathrm{m}+5.38\,\mathrm{m}=9.88\,\mathrm{m}≒9.7\,\mathrm{m}$ したがって, (2) が適当である。
35	(1)	居住人員数別の, 1日の使用水量を求める。 使用水量=戸数×1戸当たりの居住人員×1人1日当たりの使用水量 1人1日当たり 250 L であるので。 2 LDK 分=20 戸×2.5 人×250 L=12,500 L 3 LDK 分=30 戸×3 人×250 L=22,500 L 12,500 L＋22,500 L=35,000 L 受水槽容量は, 1日の使用水量の 40%〜60% であるので, 40% の場合　35,000 L×0.4＝14,000 L 60% の場合　35,000 L×0.6＝21,000 L L を m^3 に換算すると, $14\,\mathrm{m}^3$〜$21\,\mathrm{m}^3$ したがって, (1) が適当である。

給水装置工事事務論

問題番号	解答番号	ワンポイント解説
36	(1)	(2) 給水装置工事主任技術者は,指定給水装置工事事業者の事業活動の本拠である事業所に選任され,個別の給水装置工事ごとに指定給水装置工事事業者から指名を受けた給水装置工事の調査,計画,施工,検査の一連の給水装置工事業務の技術上の管理を行う。不適当である。 (3) 研修の機会を確保することが義務付けられているのは,指定給水装置工事事業者である（規則第三十六条第1項第四号）。不適当である。 (4) 指定給水装置工事事業者が水道法に違反した場合,水道事業者から指定の取り消しを命じられる（法第二十五条の十一）。不適当である。
37	(2)	ア,イは正しい。 ウ　給水装置の軽微な変更は,記録を作成,保存しなくてもよい（規則第三十六条）。誤りである。 エ　その工事の記録は,完成したのち速やかに水道事業者に提出することが義務付けられているが,施主にも写しを提出しなくてはならないとは規定されていない（規則第三十六条）。誤りである。 したがって,(2)の組み合わせが適当である。

問題番号	解答番号	ワンポイント解説
38	(1)	給水立て主管からの各階への分岐管等主要な分岐管には,分岐点に近接した部分で,かつ,操作を容易に行うことができる部分に<u>止水弁</u>を設けること。不適当である。
39	(4)	ア,ウは正しい。 イ　自己認証のための基準適合の証明は,各製品が設計段階で基準省令に定める性能基準に適合していることの証明と<u>当該製品が製造段階で品質の安定性が確保されていることの証明</u>が必要となる。誤りである。 エ　日本産業規格（JIS）に適合している製品及び日本水道協会規格等の団体の規格等の検査合格品は,<u>その性能基準項目の全部に係る性能条件が基準省令の性能基準と同等以上の基準に適合していることが表示されている製品</u>については,性能基準適合品である。誤りである。 したがって,（4）の組み合わせが適当である。
40	(2)	ウ,エは正しい。 ア　給水装置用材料が使用可能か否かは,基準省令に適合しているか否かであり,この判断のために,<u>厚生労働省では製品ごとの性能基準への適合性に関する情報を全国的に利用できる給水装置データベースを構築している</u>。誤りである。 イ　<u>厚生労働省では製品ごとの性能基準への適合性に関する情報を全国的に利用できる給水装置データベースを構築している</u>。誤りである。 したがって,（2）の組み合わせが適当である。

「学科試験2」

給水装置の概要

41	(3)	イ,エは正しい。 ア　ライニング鋼管は,管の内面,あるいは管の内外面に硬質ポリ塩化ビニルやポリエチレン等のライニングを施し,強度に対しては<u>鋼管</u>が,耐食性等については<u>ライニング</u>が分担できるようにした管材である。誤りである。 ウ　管端防食形継手は,硬質塩化ビニルライニング鋼管とポリエチレン粉体ライニング鋼管<u>兼用</u>となっている（日本金属継手協会規格 JPF MP 003）。誤りである。 したがって,（3）の組み合わせが適当である。
42	(4)	硬質ポリ塩化ビニル管は,耐食性,特に耐電食性に優れるが,他の樹脂管に比べると引張強さが<u>比較的大きい</u>。不適当である。

問題番号	解答番号	ワンポイント解説
43	(2)	ア，ウは正しい。 イ　耐衝撃性硬質ポリ塩化ビニル管は，硬質ポリ塩化ビニル管の耐衝撃強度を高めるように改良されたものである。長期間，直射日光に当たると，耐衝撃強度が低下することがある。誤りである。 エ　耐熱性硬質ポリ塩化ビニル管は，硬質ポリ塩化ビニル管を耐熱用に改良したものであり，瞬間湯沸器用には，機器作動に異常があった場合，管の使用温度を超えることもあるため使用してはならない。誤りである。 したがって，(2) の組み合わせが適当である。
44	(3)	銅管は，アルカリに侵されず，スケールの発生も少ないが，青水の現象となる遊離炭酸が多い水には適さない。不適当である。
45	(2)	ア，イは正しい。 ウ　貯湯湯沸器は，貯湯槽内に貯えた水を加熱する構造の湯沸器で，湯温に連動して自動的に燃料通路を開閉あるいは電源を入り切り（ON／OFF）する機能をもっている。誤りである。 エ　自然冷媒ヒートポンプ給湯機は，熱源に大気（空気）を利用しているため，消費電力が少ない給湯器である。誤りである。 したがって，(2) の組み合わせが適当である。
46	(3)	使用水量が少ない場合（10 L/min 程度）に自動停止すること。不適当である。
47	(4)	ア　大きい，イ　小さい，ウ　小さい，エ　大きい ボール止水栓・仕切弁は，フルボア形（弁体の開口面積が弁箱の開口面積と等しい構造）であるので損失水頭が小さい。 したがって，(4) の組み合わせが適当である。
48	(1)	イ，ウは正しい。 ア　ツーハンドル湯水混合水栓は，湯側・水側の二つのハンドルを操作することにより，止水と吐水及び吐水温度・吐水量の調整を行う水栓なので，流水抵抗によってこまパッキンが摩耗することになるので，定期的なこまパッキンの交換が必要である。一方，サーモスタット湯水混合水栓は，あらかじめ吐水温度を設定しておけば，湯水の圧力変動及び温度変化があった場合でも，湯水混合量を自動的に調整し，設定温度の混合水を供給する。誤りである。 エ　不凍水抜栓は，排水口が凍結深度より深くなるよう埋設深さを考慮する。誤りである。 したがって，(1) の組み合わせが適当である。

問題番号	解答番号	ワ ン ポ イ ン ト 解 説
49	(3)	減圧弁は, 調整ばね, ダイヤフラム, 弁体などの圧力調整機構によって, 一次側の圧力が変動しても, 二次側を一次側より低い減圧した圧力に保持する給水用具である。一方, 設置した給水管路や貯湯湯沸器等の圧力が, 設定圧力よりも上昇すると, 給水管路の給水用具を保護するために弁体が自動的に開いて過剰圧力を逃がし, 圧力が所定の値に降下すると自動で閉じる機能を持っている給水用具は, 安全弁である。不適当である。
50	(5)	イ, エは正しい。 ア 水道メーターは, 需要者が使用する水量を積算計量する計量器であり, 水道法ではなく計量法に定める特定計量器の検定に合格したものでなければならない。誤りである。 ウ 水道メーターの計量方法は, 流れている水の流速を測定して流量に換算する流速式（推測式）と, 水の体積を測定する容積式（実測式）に分類され, わが国で使用されている水道メーターは, ほとんどが流速式である。誤りである。 したがって,（5）の組み合わせが適当である。
51	(3)	軸流羽根車式水道メーターは, 管状の器内に設置された流れに平行な軸を持つ螺旋状の羽根車を回転させて, 積算計量する構造である。不適当である。
52	(1)	受水槽のボールタップからの補給水が止まらないので原因を調査した。その結果, ボールタップの弁座が損傷していたので, パッキンの取替えだけでは解決しないので, ボールタップ本体を取替えた。一方, パッキンの取替えが必要な場合は, パッキンの摩耗・劣化が原因の場合である。不適当である。
53	(3)	小便器洗浄弁から多量の水が流れ放しとなる場合, ピストンバルブの小穴の詰まりが一因と考えられる。一方, 開閉ねじの開け過ぎが一因と考えられるのは, 水勢が強く洗浄が強く水が飛び散る現象である。不適当である。

給水装置施工管理法

54	(4)	工程管理は, ア 契約書に定めた工期内に工事を完了するため, 事前準備のイ 現地調査や水道事業者, 建設業者, 道路管理者, 警察署等との調整に基づき工程管理計画を作成し, これに沿って, 効率的かつ経済的に工事を進めて行くことである。工程管理するための工程表には, ウ バーチャート, ネットワーク等がある。したがって,（4）が適当である。
55	(5)	施工した給水装置の耐圧試験を実施する。 したがって,（5）が不適当である。

問題番号	解答番号	ワンポイント解説
56	(1)	工程管理は，一般的に計画，実施，ア 管理に大別することができる。計画の段階では，給水管の切断，加工，接合，給水用具据え付けの順序と方法，建築工事との日程調整，機械 器具及び工事用材料の手配，技術者や配管技能者を含むイ 作業従事者を手配し準備する。工事はウ 給水装置工事主任技術者の指導監督のもとで実施する。 したがって，(1) の組み合わせが適当である。
57	(4)	水道メーター以降の工事は，宅地内での工事も，施工計画書を作成して適切に管理を行う必要がある。 したがって，(4) が不適当である。
58	(5)	イ，ウは正しい。 ア　近接する埋設物がある場合は，埋設物管理者に立会いを求め，…。誤りである。 エ　やむを得ない場合は，当該埋設物管理者と協議し，保安上必要な措置を講じてから使用する。誤りである。 したがって，(5) の組み合わせが適当である。
59	(1)	イ，ウは労働災害である。 したがって，(1) が適当である。
60	(4)	やむをえない理由で段差が生じた場合は，5% 以内の勾配ですりつけなければならない。 したがって，(4) が不適当である。

給水装置工事主任技術者試験

令和4年度試験問題 解答試案
(2022年度)

市ケ谷出版社

問題番号	解答番号	ワンポイント解説

「学科試験1」

公衆衛生概論

1	(4)	簡易専用水道は水槽の有効容量の合計が <u>10 m² を超えるもの</u>である。不適当である。
2	(2)	一般細菌の基準値は，<u>1 mL の検水</u>で形成される集落数が <u>100 以下</u>である。不適当である。
3	(1)	残留塩素の消毒効果は遊離残留塩素の方が強く，残留効果は結合残留塩素の方が <u>持続する</u>。不適当である。

水道行政

4	(4)	水道法第二十条第2項　<u>水道事業者は，前項の規定による水質検査を行つたときは，これに関する記録を作成し，水質検査を行った日から起算して5年間，これを保存しなければならない</u>。とあり，1年ではない。したがって不適当である。
5	(4)	水道法施行規則第五十五条　簡易専用水道の管理基準において，<u>給水栓における水の色，濁り，臭い，味その他の状態により供給する水に異常を認めたときは，水質基準に関する省令の表の上欄に掲げる事項のうち必要なものについて検査を行うこと</u>。とあり，検査は全項目ではない。したがって不適当である。
6	(5)	指定給水装置工事事業者の更新時には，以下4項目の確認が行われる。 1）指定給水装置工事事業者の講習会の受講実績 2）指定給水装置工事事業者の業務内容 3）給水装置工事主任技術者等の研修会の受講状況 4）適切に作業を行うことができる技能を有する者の従事状況 これより， イ，ウ，エは正しい。 ア　指定給水装置工事事業者の<u>受注実績</u>。誤りである。 したがって，(5) の組み合わせが適当である。

問題番号	解答番号	ワンポイント解説
7	(4)	ア，ウは正しい。 イ　都道府県は基本方針に基づき，<u>水道基盤強化計画を定めることができることとする。</u>とあり，定めなければならない。は誤りである。 エ　給水装置工事主任技術者も<u>5年ごとに更新を受けなければならい。</u>誤りである。 したがって，(4)の組み合わせが適当である。
8	(1)	法第十四条2項三では，水道事業者及びの<u>水道の需要者の責任に関する事項。</u>とあり，指定給水装置設置事業者ではない。 したがって，不適当である。
9	(1)	法第二十四条の四には，水道施設運営等事業に係わる公共施設等運営権を設定しようとするときは，あらかじめ，<u>厚生労働大臣の許可を受けなければはならない。</u>とあり，都道府県知事ではない。 したがって，不適当である。

給水装置工事法

問題番号	解答番号	ワンポイント解説
10	(3)	規則第三十六条第1項第二号で，施工範囲はア　<u>水道メータ</u>で，管理対象は，イ適切な<u>資機材</u>，ウ　<u>工法</u>，エ　地下埋設物の<u>防護</u>である。 したがって(3)の組み合わせが適当である。
11	(1)	ア，イ，ウは正しい。 エ　<u>不断水分岐工事施行後も必ず水質確認を行う。</u>とあり，水質確認は行わなくてもよい。は誤りである。したがって，(1)の組み合わせが適当である。
12	(1)	割T字管は，<u>配水管の管軸水平部にその中心線がくるように取り付け，</u>とあり，管軸頂部にその中心線がくるように取り付ける。は誤りである。 したがって，(1)が不適当である。
13	(3)	ア，イ，エ，は正しい。 ウ　指定された仕様のものを，<u>埋設物の頂部と路面との間に明示シートを設置する</u>場合があるとされており，任意の位置に設置するは，誤りである。 したがって(3)の組み合わせが適当である。
14	(5)	メータバイパスユニットは，<u>メータ取替え時の断水を回避するために設置すると</u>されており，ウォータハンマーを回避するためは，誤りである。 したがつて，(5)が不適当である。

問題番号	解答番号	ワンポイント解説
15	(2)	イ，エは正しい。 ア　水理計算及び給水管，給水器具の選定は，<u>消防設備士</u>が行うとされており，給水装置工事主任技術者が行うは，誤りである。 ウ　<u>停滞水をできるだけ少なくするため，給水管分岐部と電動弁との間を短くすることが望ましい</u>とされており，消火時の水量をできるだけ多くするため，給水管分岐部と電動弁との間を長くすることが望ましいは，誤りである。 したがって，(2) の組み合わせが適当である。
16	(3)	「給水装置の構造及び材質の基準に関する省令」の第一条に，<u>最終の止水機構の流出部に設置されている給水用具を除く</u>とあり，最終の止水機構の流出側に設置されている給水器具を含め耐圧性能基準に適合したものを使用するは，誤りである。 したがって (3) が不適当である。
17	(5)	曲げ配管が可能な材料としては，<u>軟質銅管は現場での手曲げ配管が適しており，水道用ポリエチレン二層管は，軽量で柔軟性があり現場の生曲げ配管が可能</u>とあり，ライニング鋼管は，誤りである。 したがって，(5) が不適当である。
18	(4)	配水管から<u>水道メータ</u>までの使用材料等については，震災等の災害防止及び漏水時又は災害時等の<u>緊急工事</u>を円滑かつ効率的に行う観点から<u>水道事業者</u>が指定したものを使用すること。 したがって (4) の組み合わせが適当である。
19	(4)	硬質塩化ビニルライニング鋼管は，<u>ライニングされた塩化ビニル部分への局部加熱を避けるため，バンドソーを使用する</u>。切断はパイプカッタ，チップソーカッター，ガス切断などを使用は，誤りである。 したがって，(4) が不適当である。

給水装置の構造及び性能

問題番号	解答番号	ワンポイント解説
20	(3)	水道事業者は，<u>日出後日没前に限り</u>，その職員をして，当該水道によって水の供給を受ける者の土地又は建物に立ち入り，給水装置を検査させることができる。ただし，人の看守し，若しくは人の住居に使用する建物又は閉鎖された門内に立ち入るときは，その看守者，<u>居住者又はこれらに代るべき者の同意を得なければならない</u>。不適当である。
21	(3)	ア　食器洗い機，エ　散水栓は浸出性能基準の適用対象外である。 したがって，(3) の組み合わせが適当である。

問題番号	解答番号	ワンポイント解説
22	(2)	イは正しい。 ア，ウ　負圧破壊性能試験により流入側から加える圧力は<u>マイナス 54 kPa</u> である。誤りである。 エ　製品の仕様として負圧破壊装置の位置が<u>一定に固定されたもの</u>である。誤りである。 したがって，(2) の組み合わせが適当である。
23	(5)	ア，イ，ウ，エ，すべて正しい。 したがって，(5) の組み合わせが適当である。
24	(4)	給水装置はシアン，六価クロムその他水を汚染するおそれのある物を貯留し，又は取り扱う施設に<u>近接して設置してはならない</u>。不適当である。
25	(1)	イ，ウ，エは正しい。 ア　水撃作用が発生するおそれのある箇所には，<u>その手前に近接して</u>水撃防止器を取り付ける。 したがって，(1) の組み合わせが適当である。
26	(1)	ウ，エは正しい。 ア　給水管と井戸水配管は<u>直接連結してはならない</u>。誤りである。 イ　給水装置と受水槽以下の配管との接続は<u>クロスコネクション</u>である。誤りである。 したがって，(1) の組み合わせが適当である。
27	(3)	水平距離は壁から吐水口中心の B，垂直距離は<u>越流面から吐水口最下端の C</u> である。 したがって，(3) の組み合わせが適当である。
28	(4)	汚水ますに<u>直接接続せず，間接排水とする</u>。不適当である。
29	(2)	確保しなければならない区間は<u>バキュームブレーカ下端と越流面の A</u>，確保しなければならない距離は <u>150 mm 以上の C</u> である。 したがって，(2) の組み合わせが適当である。

給水装置計画論

30	(2)	ア，ウ，エは，正しい。 イ．受水槽に<u>受水した後に</u>，ポンプで圧力水槽に貯え，である。誤りである。 したがって，(2) の組み合わせが適当である。
31	(5)	全て，正しい。したがって，(5) の組み合わせが適当である。
32	(4)	ア，イ，エは，正しい。 ウ．現地調査確認作業は，<u>埋設物管理者への埋設物の調査</u>や，道路管理者への道路状況の調査である。誤りである。 したがって，(4) の組み合わせが適当である。
33	(4)	ア，ウ，エは，正しい。 イ．直結増圧式給水を行うに当たっては，<u>時間最大使用水量を適正に設定する</u>ことが，必要である。誤りである。 したがって，(4) の組み合わせが適当である。
34	(5)	事務所1室の給水用具給水負荷単位を求める。 **表−1**より給水用具は，各室1栓ずつなので合計する。 $10+5+2+3+4=24$ 事務所は，6室なので6倍する。 $24×6=144$ **図−2**より，同時使用水量を求める。 大便器は，洗浄弁なので曲線①をもちいる。 横軸の給水器具単位数144を立上げ，曲線①の交点を求め，縦軸の同時使用水量を求める。約 300 L/min を読取る事が出来る。 したがって，(5) が適当である。
35	(2)	**図−2**より，動水勾配を求める。 給水栓の使用水量を，毎分から毎秒に換算する。 $120\,L/min ÷ 60 = 2\,L/s$ 縦軸の流量2 L/sを，口径40 mm の交点を求め，立下げ横軸の動水勾配を求める。約85‰を読取る事が出来る。 つぎに，摩擦損失水頭を求める。 配管延長は，$L+H=10\,m+15\,m=25\,m$ 摩擦損失水頭＝配管延長×動水勾配(千分率)＝$25\,m×85‰＝25×85÷1000≒$ $2.12\,m$ つぎに，吐水圧を求める。

問題番号	解答番号	ワンポイント解説
		吐水圧＝摩擦損失水頭＋給水栓を使用するために必要な圧力＋逆止弁の損失水頭＋H（立ち上がり）＝2.12 m＋5 m＋10 m＋15 m＝32.12 m したがって，（2）が最も近い値である。

給水装置工事事務論

問題番号	解答番号	ワンポイント解説
36	(1)	厚生労働省令に定められている「構造材質基準を適用するために必要な基準的細目」のうち，個々の給水管及び給水用具が満たすべき性能及び判断基準は，<u>7項目</u>（耐圧性能基準，浸出性能基準，水撃限界性能基準，逆流防止性能基準，負圧破壊性能基準，耐寒性能基準，耐久性能基準）の基準からなっている。不適当である。
37	(5)	自己認証においては，給水管，給水用具の製造業者が自ら<u>又は製品試験機関に委託して</u>得たデータや作成した資料等に基づいて，性能基準適合品であることを証明しなくてはならない。不適当である。
38	(3)	ア，ウ，エは正しい。 イ　給水装置工事主任技術者は，施主から工事に使用する給水管や給水用具を指定された場合，それが給水装置の構造及び材質の基準に関する省令に適合しないものであれば，<u>使用できない理由を明確にして施主等に説明しなくてはならない</u>。誤りである。 したがって，（3）の組み合わせが適当である。
39	(1)	(2) 指定給水装置工事事業者は，給水装置工事の記録として，施主の氏名又は名称，施行の場所，竣工図等の記録を作成し，<u>3年間保存</u>しなければならない。不適当である。 (3) 給水装置工事の記録作成は，指名された給水装置工事主任技術者が作成するが，<u>給水装置工事主任技術者の指導のもとで他の従業員が行ってもよい</u>。不適当である。 (4) 給水装置工事の記録については，<u>特に様式が定められているものではない</u>。不適当である。
40	(2)	建設業を営もうとする者のうち，2以上の都道府県の区域内に営業所を設けて営業をしようとする者は，<u>国土交通大臣</u>の許可を受けなければならない。不適当である。

問題番号	解答番号	ワンポイント解説

「学科試験 2」

給水装置の概要

41　（1）　イ，ウは正しい。

　　　　ア　単水栓は，バルブの開閉により，水又は温水のみを1つの水栓から吐水する水栓である。横水栓，立水栓，自在水栓等がある。一方，給水の開始，中止及び給水装置の修理その他の目的で給水を制限又は停止するために使用する給水用具は，止水栓である。誤りである。

　　　　エ　ダイヤフラム式ボールタップは，圧力室内部の圧力変化を利用し，ダイヤフラムを動かすことにより吐水，止水を行うもので，給水圧力による止水位の変動が極めて少ない。誤りである。

　　　　したがって，（1）の組み合わせが適当である。

42　（3）　玉形弁は，止水部が吊りこま構造であり，逆流防止機能がなく，弁部の構造から流れがS字形となるため損失水頭も大きい。不適当である。

43　（1）　安全弁は，水圧が設定圧力よりも上昇すると，給水管路の給水用具を保護するために弁体が自動的に開いて過剰圧力を逃がし，圧力が所定の値に降下すると自動で閉じる機能を持つ給水用具である。一方，減圧弁は，調整ばね，ダイヤフラム，弁体などの圧力調整機構によって，一次側の圧力が変動しても，二次側を一次側より低い減圧した圧力に保持する給水用具である。不適当である。

44　（2）　ア　二重式逆流防止器，イ　自重式逆止弁，ウ　減圧式逆流防止器，エ　スイング式逆止弁

　　　　したがって，（2）の組み合わせが適当である。

45　（2）　小便器洗浄弁は，センサーで感知し自動的に水を吐出させる自動式とボタン等を操作し水を吐出させる手動式の2種類あり，手動式にはピストン式，ダイヤフラム式の2つのタイプのバルブ構造がある。不適当である。

問題番号	解答番号	ワンポイント解説
46	(1)	(2) 耐熱性硬質塩化ビニルライニング鋼管は,鋼管の内面に耐熱性硬質ポリ塩化ビニル管をライニングした管である。この管の用途は,給湯・冷温水等であり,連続使用許容温度は<u>85℃</u>以下である。不適当である。 (3) ステンレス鋼鋼管は,鋼管と比べると特に耐食性に優れている。軽量化しているので取扱いが容易であり,薄肉であるが<u>強度的に優れている</u>。不適当である。 (4) ダクタイル鋳鉄管は,鋳鉄組織中の黒鉛が球状のため,<u>じん性に富み衝撃に強い</u>。かつ,引張強さが大であり,耐久性もある。不適当である。
47	(3)	① ア EF, ② イ プッシュオン, ③ ウ 金属, ④ エ 伸縮可とう式 したがって,(3)の組み合わせが適当である。
48	(3)	<u>ア 垂直</u>,<u>イ 迂流</u>,<u>ウ 大きい</u> したがって,(3)の組み合わせが適当である。
49	(4)	電磁式水道メーターは,水の流れと<u>垂直</u>に磁界をかけ,電磁誘導作用(フレミングの右手の法則)により,流れと磁界に<u>垂直</u>な方向に誘起された起電力により流量を測定する器具である。不適当である。
50	(5)	ア,ウは正しい。 イ ボールタップ付きのロータンクの水が止まらなかったので,原因を調査した。その結果,フロート弁の摩耗,損傷のためすき間から水が流れ込んでいたので,<u>フロート弁</u>を取り換えた。誤りである。 エ 水栓から不快音があったので,原因を調査した。その結果,スピンドルの孔とこま軸の外径が合わなく,がたつきがあったので,<u>摩耗したこまを取り換え</u>た。誤りである。 したがって,(5)の組み合わせが適当である。
51	(5)	ウ,エは正しい。 ア 大便器洗浄弁から漏水していたので,原因を調査した。その結果,ハンドル部のパッキンが傷んでいたので,ピストンバルブを取り出し,<u>Oリング</u>を取り換えた。誤りである。 イ 小便器洗浄弁の吐水量が多いので,原因を調査した。その結果,調節ねじが開けすぎとなっていたので,調節ねじを<u>右</u>に回して吐水量を減らした。誤りである。「調節ねじ」は,一般の水栓とは逆の開閉機構(右回しで閉まる)となる。 したがって,(5)の組み合わせが適当である。

問題番号	解答番号	ワンポイント解説
52	(1)	ア，イ，エは正しい。 ウ　元止め式瞬間湯沸器は，給湯器には水圧がかからないので，構造が単純で配管も単純にすることが可能である。しかし，離れた所への給湯や複数の場所への給湯はできない。一方，給湯配管を通して湯沸器から離れた場所で使用できるもので，2カ所以上に給湯する場合に広く利用されるのは，先止め式瞬間湯沸器である。誤りである。 したがって，(1)の組み合わせが適当である。
53	(3)	水栓一体形浄水器のうち，スパウト内部に浄水カートリッジがあるもの（スパウトイン（オールインワン）タイプ浄水器）は，常時水圧は加わらないが，給水用具に該当する。不適当である。
54	(2)	吸込側の圧力が異常低下した場合は自動停止し，吸込側の圧力が復帰した場合には，自動復帰しなければならない。不適当である。
55	(5)	ツーハンドル湯水混合水栓は，湯側・水側の2つのハンドルを操作し，吐水・止水，吐水量の調整，吐水温度の調整ができる。一方，サーモスタット式の混合水栓は，あらかじめ吐水温度を設定しておけば，湯水の圧力変動及び温度変化があった場合でも，湯水混合量を自動的に調整し，設定温度の混合水を供給する。吐水・止水・吐水量の調整は別途止水部で行う。不適当である。

給水装置施工管理法

56	(3)	埋戻し土は，道路管理者が定める基準等を満たした材料であるか検査・確認し，道路管理者の承諾を得たものを使用する。不適当である。
57	(1)	宅地内での給水装置工事は，一般に水道メーター以降ア　末端給水用具までの工事である。イ　施主（需要者等）の依頼に応じて実施されるものであり，工事の内容によっては，建築業者等との調整が必要となる。宅地内での給水装置工事は，これらに留意するとともに，道路上での給水装置工事と同様にウ　施工計画書の作成と，それに基づく工程管理，品質管理，安全管理等を行う。したがって，(1)の組み合わせが適当である。
58	(2)	TOC（全有機炭素），pH値は誤りである。 したがって，(2)の組み合わせが適当である

問題番号	解答番号	ワ ン ポ イ ン ト 解 説
59	(4)	イ，ウは，正しい。 ア　交通流に対する背面から車両を出入りさせなければならない。誤りである。 エ　必要に応じて移動さくを間隔をあけないように設置し，である。誤りである。 したがって，(4) の組み合わせが適当である。
60	(2)	仮舗装を行う際にやむを得ない理由で段差が生じた場合は，5% 以内の勾配ですりつけなければならない。誤りである。 したがって，(2) が不適当である。

給水装置工事主任技術者試験
令和3年度試験問題 解答試案
（2021年度）

市ケ谷出版社

問題番号	解答番号	ワンポイント解説

「学科試験1」

公衆衛生概論

1	(4)	導水施設とは，必要量の原水を浄水施設に導く施設である。不適当である。
2	(3)	水質基準では，味及び臭気の基準値は異常でないこととされている。不適当である。
3	(1)	藻類が繁殖すると産生されるジェオスミンや2-メチルイソボルネオール等の有機物質が飲料水に混入するとカビ臭の原因となる。不適当である。

水道行政

4	(2)	色，濁り，消毒の残留効果は，水質基準項目（法第四条に基づくもの）には含まれていない。
5	(5)	指定給水装置工事事業者の指定更新時確認事項は，次の5項目であり，ア〜エはすべて正しい。 ① 事業者講習会の受講実績（過去5年以内），② 指定給水装置工事事業者の業務内容（営業日等，漏水等修繕対応の可否），③ 対応工事種別（新設・改造・撤去など），④ 給水装置工事主任技術者等の研修受講実績，⑤ 給水装置工事に主に従事した適切に作業を行うことができる技能を有する者の状況。
6	(2)	ア，ウは正しい。 イ 第六条では，市町村長ではなく都道府県知事である。誤りである。 エ 専用水道の設置には届出のみで許認可は不要である。誤りである。 したがって，(2) の組合せが適当である。
7	(4)	ウ，エは正しい。 ア 給水装置工事主任技術者の選任は，工事ごとではなく，事業者ごとである（法第二十五条の四第1項）。誤りである。 イ 給水装置工事主任技術者を選任した時の届出先は国ではなく水道事業者である（法第二十五条の四第2項）。誤りである。 したがって，(4) の組合せが適当である。
8	(4)	水道技術管理者は専ら水道事業の技術的な職務を担当する役割であるので，水道事業の予算等事務的な職務義務について規定されていない。不適当である。
9	(4)	法第二十四条の四第1項では，水道事業者に対して認可を出すのは都道府県知事

問題番号	解答番号	ワ ン ポ イ ン ト 解 説
		ではなく<u>厚生労働大臣</u>である。不適当である。

給水装置工事法

10	(5)	規則第三十六条第1項第二号の記述では順に，ア　穿孔　イ　水道メーター　ウ　配水管　エ　正確な作業　である。(5) の組合せが適当である。
11	(3)	ア，ウは正しい。 イ　<u>異形管及び継手からの給水管取出しは，構造材質基準で禁止している。</u>誤りである。 エ　ダクタイル鋳鉄管の穿孔は，<u>モルタルライニング管が118°，エポキシ樹脂粉体塗装管が90°～100°</u>である。誤りである。 したがって，(3) の組合せが適当である。
12	(1)	イは正しい。 ア　弁体が<u>全開状態</u>になっていることを確認する。誤りである。 ウ　穿孔機の排水口に排水用ホースを連結し<u>ホース先端をバケツなどで受ける</u>ようにする。<u>下水溝に接続してはならない</u>。誤りである。 エ　ハンドルは，<u>穿孔中は重く，完了前は軽く</u>なる。誤りである。 したがって，(1) の組合せが適当である。
13	(3)	ア，ウは正しい。 イ　給水管を壁や柱に沿わせる場合の支持は<u>1～2 m</u>の間隔とされる。誤りである。 エ　給水管が水路を横断する場合，原則として<u>水路等の下に給水装置を設置する</u>。上越しはやむを得ない場合に限る。誤りである。 したがって，(3) の組合せが適当である。
14	(4)	集合住宅などに設置されるメーターバイパスユニットは右図の構造であり，<u>水道メーター（親メーター）の交換時でも全室の断水を避けることができる</u>給水装置であり，ウォータハンマを防止する機能は備えていない。不適当である。 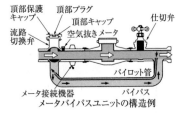 図　メーターバイパスユニットの構造例
15	(1)	家屋の主配管とは，<u>一般的には1階部分に布設された水道メーターと同口径の部分の配管</u>がこれに該当する。配水管からの取り出し管と同口径の部分ではない。不適当である。
16	(2)	高水圧が生じる場所には，<u>減圧弁を設置する</u>。不適当である。

問題番号	解答番号	ワンポイント解説
17	(5)	ウ，エは正しい。 ア　水道用ポリエチレン二層管の金属継手は原則として分解してはならない。部品の順序・向きなど誤った組立てを防止するためである。誤りである。 イ　埋設する場合は，内外面硬質塩化ビニル鋼管と外面樹脂被覆継手（ただし防食コア入り）の組合せが妥当であり，その際，防食テープは不要である。誤りである。 したがって，(5) の組み合わせが適当である。
18	(5)	水道水の水質に関して異常があった場合，需要者は直ちに水道事業者に連絡し水質検査を依頼する等の処置を行わなければならない。不適当である。
19	(5)	消火設備といえども，常時は衛生的な水供給に供する施設であるため，十分な水の貯留は滞留水による水質の劣化を引き起こすため，できるだけ滞留させない配管設計・施工を心掛けねばならない。不適当である。

給水装置の構造及び性能

問題番号	解答番号	ワンポイント解説
20	(4)	(1) の給水管及び (2) の継手はいずれも耐圧，浸出以外は要求されず，「耐久，耐寒，逆流防止」は適当ではない。 (3) の浄水器は耐圧，浸出の他，種類によっては逆流防止が要求されるが「耐寒，負圧破壊」は要求されず「耐寒，負圧破壊」は適当ではない。 (4) の逆止弁は耐圧，浸出の他，耐久，逆流防止が要求されている。また，減圧式逆流防止器など種類によっては負圧破壊も要求されるので「耐久，逆流防止，負圧破壊」は適当である。 したがって，(4) の組合せが適当である。
21	(3)	省令第三条に規定されている水撃限界に関する基準では，「当該給水用具の上流側に近接してエアーチャンバーその他の水撃防止器具を設置すること等により適切な水撃防止のための措置が講じられているものにあっては，この限りでない。」とされている。不適当である。
22	(3)	減圧式逆流防止器の逆流防止性能基準は，厚生労働大臣が定める逆流防止に関する試験により，ア　3キロパスカル及びイ　1.5メガパスカルの静水圧をウ　1分間加えたとき，水漏れ，変形，破損その他の異常を生じないとともに，厚生労働大臣が定める負圧破壊に関する試験により流入側からマイナスエ　54キロパスカルの圧力を加えたとき，減圧式逆流防止器に接続した透明管内の水位の上昇が3ミリメートルを超えないこととされている。 したがって，(3) の組合せが適当である。
23	(5)	イ，ウは正しい。

問題番号	解答番号	ワンポイント解説
		ア　耐寒性能基準は, 屋外で気温が著しく低下しやすい場所その他凍結のおそれのある場所に設置されている給水装置のうち<u>減圧弁, 逃し弁, 逆止弁, 空気弁及び電磁弁</u>に適用される。誤りである。
		エ　耐寒性能基準では,「ただし,<u>断熱材で被覆すること等により適切な凍結防止のための措置が講じられているものにあっては, この限りでない。</u>」とされている。誤りである。
		したがって,(5)の組合せが適当である。
24	(1)	イ, エは正しい。
		ア　給水装置と受水槽以下の配管との接続は<u>クロスコネクション</u>である。
		ウ　給水装置は,<u>シアン, 六価クロムその他水を汚染するおそれのある物を貯留し, 又は取り扱う施設に近接して設置されていてはならない</u>。誤りである。
		したがって,(1)の組合せが適当である。
25	(3)	浸出性能基準の対象になるのは,<u>飲用に供する水の接触する可能性のある給水管及び給水用具</u>であるので, 洗浄弁, 洗浄装置付き便座, 水栓便器のロータンク用ボールタップは, 浸出性能基準の適用となる給水用具ではない。不適当である。
26	(4)	地中に埋設した鋼管が部分的にコンクリートと接触している場合,<u>アルカリ性のコンクリートに接している部分の電位が, コンクリートと接していない部分より高くなって腐食電池が形成され, コンクリートと接していない部分が浸食される</u>。不適当である。
27	(3)	凍結深度は,<u>ア　地中温度が0℃になるまでの地表からの深さ</u>として定義され, 気象条件の他,<u>イ　土質や含水率</u>によって支配される。屋外配管は, 凍結深度より<u>ウ　深く</u>布設しなければならないが, 下水道管等の地下埋設物の関係で, やむを得ず凍結深度より<u>エ　浅く</u>布設する場合, 又は擁壁, 側溝, 水路等の側壁からの離隔が十分に取れない場合等凍結深度内に給水装置を設置する場合は保温材(発泡スチロール等)で適切な防寒措置を講じる。
		したがって,(3)の組合せが適当である。
28	(1)	バキュームブレーカの下端又は逆流防止機能が働く位置と水受け容器の越流面との間隔を<u>150 mm 以上</u>確保する。不適当である。
29	(3)	呼び径が 20 mm を超え 25 mm 以下のものについては,<u>ア　近接壁</u>から吐水口の中心までの水平距離を<u>イ　50 mm 以上</u>とし,<u>ウ　越流面</u>から吐水口の<u>エ　最下端</u>までの垂直距離を<u>オ　50 mm 以上</u>とする。
		したがって,(3)の組合せが適当である。

問題番号	解答番号	ワ ン ポ イ ン ト 解 説

給水装置計画論

30	(5)	イ，エは正しい。 ア　給水管の途中に圧力水槽を設置して給水する方式(圧力水槽式)である。(直結増圧式)は，誤りである。 ウ　受水槽流入口までが給水装置である。 流出口は，誤りである。したがって，(5) の組合せが適当である。
31	(2)	一時に多量の水を使用するとき等に，配水管の水圧低下を引き起こすおそれがある場合は，受水槽式給水とする。直結・受水槽併用式は，不適当である。
32	(4)	高置水槽式は，受水槽に受水した後，ポンプで高置水槽へ汲み上げ，自然流下により給水する方式である。圧力水槽式は不適当である。
33	(1)	表−1 より，1 戸当たり，給水用具 1 個当たりの平均使用水量を計算する。 給水用具は各々 1 個なので，使用水量を合計する。 $25+25+10+40+15+5=120$ L/min 平均使用水量は　120 L/min÷6 個＝20 L/min 表−2 より，同時使用水量を求める。総末端給水用具 6 個は，同時使用水量比は 2.4 なので。平均使用水量×同時使用水量比＝同時使用水量 20 L/min×2.4＝48 L/min 全戸同時使用水量は，15 戸なので　48 L/min×15 戸＝720 L/min 表−3 より，戸数 11〜20 の時，同時使用戸数率は，80% 全戸同時使用水量×同時使用戸数率％＝同時使用水量 720 L/min×80÷100＝576 L/min≒580 L/min (1) が適当である。
34	(4)	居住人員数別の，1 日の使用水量を求める。 使用水量＝戸数×居住人員×1 人 1 日の使用水量 1 人 1 日 250 L であるので。 2 LDK 分＝40 戸×3 人×250 L＝$30,000$ L 3 LDK 分＝60 戸×4 人×250 L＝$60,000$ L $30,000$ L＋$60,000$ L＝$90,000$ L 受水槽容量は，1 日の使用水量の 40%〜60% であるので， 40% の場合　$90,000$ L×0.4＝$36,000$ L 60% の場合　$90,000$ L×0.6＝$54,000$ L L を m^3 に換算すると，$36\ m^3$〜$54\ m^3$ (4) が適当である。

問題番号	解答番号	ワンポイント解説
35	(2)	A～F間の摩擦損失水頭を求める。 配管延長を求める。5 m＋1 m＋7 m＋2 m＋5 m＝20 m 流量を毎分から毎秒に換算する。48 L/min÷60＝0.8 L/s 図―2より，流量 0.8 L/s，口径 25 mm より 約 150‰ の動水勾配が読取ることができる。 摩擦損失水頭＝配管延長×動水勾配（千分率）＝20 m×150‰＝20×150÷1000＝3 m A～F間の高低差を求める。 1 m＋2 m＝3 m 総損失水頭＝摩擦損失水頭＋高低差＝3 m＋3 m＝6 m (2) が適当である。

給水装置工事事務論

36	(4)	事業者は，作業場所の空気中の酸素濃度を <u>18% 以上</u>に保つように換気しなければならない。なぜなら，空気の成分は，約78% が窒素で約21% が酸素であり，人間をはじめとする生物の命を支えている。その空気中の酸素濃度が18% 未満である状態を酸素欠乏というが，酸素濃度が低い空気を1回吸い込んだだけで死亡することもあり，とても危険である。誤っている。
37	(2)	ア，イは正しい。 ウ　仕切弁及び逆止弁を設置するなど，逆流防止の措置を講じても，<u>クロスコネクションとなるので禁止事項である</u>。誤りである。 エ　給水タンク内部には，<u>いかなる措置をしても，飲料水以外の配管を設置してはならない</u>。誤りである。 したがって，(2) の組合せが適当である。
38	(4)	給水装置用材料が使用可能か否かは，給水装置の構造及び材質の基準に関する省令に適合しているか否かであり，これを消費者，指定給水装置工事事業者，水道事業者等が判断することとなる。この判断のために製品等に表示している<u>ア　認証マーク</u>がある。また，制度の円滑な実施のために<u>イ　厚生労働省</u>では製品ごとの<u>ウ　性能基準</u>への適合性に関する情報が全国的に利用できるよう<u>エ　給水装置データベース</u>を構築している。 したがって，(4) の組合せが適当である。
39	(3)	給水条例等の名称で制定されている<u>供給規定</u>には，給水装置工事に関わる事項として，適切な工事施行ができる者の指定，水道メーターの設置位置，指定給水装置工事事業者が給水装置工事を施行する際に行わなければならない手続き等が定められているので，その内容を熟知しておく必要がある。一方，給水要綱は，給

問題番号	解答番号	ワンポイント解説
40	(3)	水装置等の設計施工事務取扱要綱等であり<u>本文とは関連しない</u>。不適当である。給水装置工事主任技術者<u>免状の交付を受けた後</u>,管工事に関し1年以上の実務経験を有する者。「合格した後」ではないので注意する。不適当である。

「学科試験2」

給水装置の概要

41	(5)	銅管は,アルカリに侵されず,スケールの発生も少ない。しかし,「青い水」の原因となる遊離炭酸の多い水には<u>適さない</u>。不適当である。
42	(2)	給湯用加圧装置は,貯湯湯沸器(安衛法の規制により100 kPa以下で使用する湯沸器)の<u>二次側に設置</u>し,湯圧が不足して給湯設備が満足に使用できない場合に加圧する給水用具である。なお,一次側に設置した場合加圧はできるが,減圧弁が途中にあるので湯圧不足は改善されない。不適当である。
43	(4)	接着接合後,通水又は水圧試験を実施する場合,使用する接着剤の施工要領を厳守して,ほぼ接着剤が硬化する接着後<u>24時間以上経過</u>してから実施する。不適当である。
44	(3)	① 甲形止水栓は,止水部が落しこま構造であり,損失水頭は極めて<u>ア 大きい</u>。 ② <u>イ リフト式逆止弁</u>は,弁体が弁箱又は蓋に設けられたガイドによって弁座に対し垂直に作動し,弁体の自重で閉止の位置に戻る構造の逆止弁である。 ③ <u>ウ バキュームブレーカ</u>は,給水管内に負圧が生じたとき,逆止弁により逆流を防止するとともに逆止弁より二次側(流出側)の負圧部分へ自動的に空気を取り入れ,負圧を破壊する機能を持つ給水用具である。 ④ <u>エ 空気弁</u>は管頂部に設置し,管内に停滞した空気を自動的に排出する機能を持つ給水用具である。 したがって,(3)の組合せが適当である。
45	(2)	ア,イは正しい。 ウ 設置した給水管路や貯湯湯沸器等の水圧が設定圧力よりも上昇すると,給水管路等の給水用具を保護するために弁体が自動的に開いて過剰圧力を逃し,圧力が所定の値に降下すると閉じる機能を持っている構造のものは,<u>安全弁</u>である。一方,減圧弁は,<u>調整ばね,ダイヤフラム,弁体などの圧力調整機構によって,一次側の圧力が変動しても,二次側を一次側より低い圧力に保持する給水用具である</u>。誤りである。 エ ボール止水栓は,弁体が球状のため90°回転で全開,全閉することのできるフルボア(弁体の開口面積が弁箱の開口面積と等しい)の構造であり,全開時の損失水頭は極めて<u>小さい</u>。誤りである。

問題番号	解答番号	ワンポイント解説
46	(2)	したがって，（2）の組合せが適当である。 ア，エは正しい。 イ　ミキシングバルブは，湯・水配管の途中に取り付けて，湯と水を混合し，サーモスタットで設定温度の湯を吐水する給水用具であり，2ハンドル式とシングルレバー式の機構はない。一方，2ハンドル式とシングルレバー式があり，それぞれのハンドルを操作することにより，止水と吐水及び吐水温度・吐水量の調整ができる給水用具は，ミキシングバルブ湯水混合水栓である。誤りである。 ウ　逆止弁付メーターパッキンは，配管接合部をシールするメーター用パッキンにスプリング式の逆流防止弁を兼ね備えた構造である。構造はいたってシンプルで2年に1回等の交換は必要ではないが，水道メーター交換時には必ず交換する。誤りである。 したがって，（2）の組合せが適当である。
47	(4)	ア，イ，ウは正しい。 エ　大便器洗浄弁は，……，瞬間的に多量の水を必要とするので配管は口径25 mm以上としなければならない。誤りである。 したがって，（4）の組合せが適当である。
48	(1)	ダイヤフラム式ボールタップの機構は，フロートの上下に連動して圧力室内部に設けられたダイヤフラムを動かすことにより吐水，止水を行うものであり，開閉が圧力室内の圧力変化を利用していないため，止水間際にチョロチョロ水が流れたり絞り音が生じることはない。不適当である。
49	(5)	ア，エは正しい。 イ　電気温水器は，電気によりヒータ部を加熱し，タンク内の水を温め，貯蔵する湯沸器である。一方，熱源に大気熱を利用しているため，消費電力が少ない湯沸器は，自然冷媒ヒートポンプ給湯機（通称　エコキュート）である。誤りである。 ウ　地中熱利用ヒートポンプシステムには，地中熱交換器を設けて，地中の熱を間接的に利用するクローズドループと，地下水の熱を直接的に利用するオープンループがある。誤りである。 したがって，（5）の組合せは適当である。
50	(1)	浄水器は，水栓の流入側に取り付けられ常時水圧が加わるア　先止め式と，水栓の流出側に取り付けられ常時水圧が加わらないイ　元止め式がある。イ　元止め式については，浄水器と水栓が一体として製造・販売されているもの（ビルトイン型又はアンダーシンク型）は給水用具に該当ウ　する。浄水器単独で製造・販売され，消費者が取付けを行うもの（給水栓直結型及び据え置き型）は給水用具

問題番号	解答番号	ワンポイント解説
		に該当エ　しない。 したがって，(1) の組合せは適当である。「浄水器の先（水栓）で止めるのが先止め式で，水圧が加わる。逆に，浄水器の元（手前の水栓）で止めるのが元止め式で，水圧は加わらない。」と覚える。
51	(4)	直結加圧形ポンプユニットの圧力タンクは，一般に，容量は 20 L 程度で，水の使用が停止すると，圧力タンク内の圧力を高めて停止前の状態を保ち，ポンプで停止後の少量の水の使用には，圧力タンク内の水を供給することで，ポンプの発停回数を少なくする目的で用いられる。したがって，<u>停電によりポンプが停止したときの蓄圧機能は有していない</u>。不適当である。
52	(5)	ア，イ，ウ，エすべてが正しい。 したがって，(5) の組合せが適当である。
53	(5)	イ，エは正しい。 ア　たて形軸流羽根車式は，……，水の流れがメーター内で迂流するため損失水頭が<u>大きい</u>。誤りである。 ウ　電磁式水道メーターは，<u>メーターの上下に電磁石によって磁界を作り，メーター内を流れる水の流速に比例して起電力（電磁誘導作用：フレミングの右手の法則）が生じるので，この起電力の大きさから流速を求め，給水管の断面積を掛けて，流量を求める機構</u>である。一方，羽根車に永久磁石を取り付けて，羽根車の回転を磁気センサーで電気信号として検出し，集積回路により演算処理して，通過水量を液晶表示する方式は，<u>電子式の表示機構を持った構造のメーター</u>である。誤りである。 したがって，(5) の組合せが適当である。
54	(2)	ストレーナーに異物が詰まっていたので，<u>分解して清掃する</u>。異物の詰まりは，日常のメンテナンスで容易に処置できるので，新品のピストン式定水位弁に取り替えるほどの重大な故障ではない。不適当である。
55	(1)	イ，ウは正しい。 ア　ボールタップ付ロータンクの故障で水が止まらないので原因を調査した。その結果，弁座への異物のかみ込みがあったので，<u>弁座の異物を除去する</u>。誤りである。 エ　受水槽のオーバーフロー管から常に水が流れていたので原因を調査した。その結果，ボールタップの弁座が損傷していたので，<u>ボールタップを取り替えた</u>。誤りである。 したがって，(1) の組合せが適当である。

給水装置施工管理法

56	(5)	ア，イ，ウ，エは正しい。 したがって，(5) の組合せが適当である。
57	(3)	契約書に定めた工期内に工事を完了するため，<u>事前準備の現地調査や水道事業者</u>，建設業者，道路管理者，警察署等との調整に基づき工程管理計画を作成する。不適当である。
58	(1)	水道事業者は，<u>ア　災害等</u>による給水装置の損傷を防止するとともに，給水装置の損傷の復旧を迅速かつ適切に行えるようにするために，<u>イ　配水管への取付口</u>から<u>ウ　水道メーター</u>までの間の給水装置に用いる給水管及び給水用具について，その構造及び材質等を指定する場合がある。したがって，給水装置工事を受注した場合は，<u>イ　配水管への取付口</u>から<u>ウ　水道メーター</u>までの使用材料について水道事業者<u>エ</u>　に確認する必要がある。 したがって，(1) の組合せが適当である。
59	(3)	ウ，エは正しい。 ア　やむを得ない場合は，<u>当該埋設物管理者</u>と協議し，保安上必要な措置を講じてから使用する。所管消防署は，誤りである。 イ　近接する埋設物がある場合は，<u>埋設物管理者</u>に立会いを求めその位置を確認し，埋設物に損傷を与えないよう注意する。誤りである。 したがって，(3) の組合せが適当である。
60	(2)	イ，ウ，オは労働災害である。一方，公衆災害は，当該工事の関係者以外の第三者（公衆）に対する生命，身体及び財産に関する危害並びに迷惑をいい，騒音，振動，ほこり，におい等の他，水道，電気等の施設の毀損による断水や停電も含まれるのでア，エが該当する。 したがって，(2) の組合せが適当である。

給水装置工事主任技術者試験
令和2年度試験問題 解答試案
(2020 年度)

市ケ谷出版社

問題番号	解答番号	ワンポイント解説

「学科試験1」

公衆衛生概論

1	(1)	有機物と反応してトリハロメタン類を生成するのは凝集剤ではなく塩素である。不適当である。
2	(3)	カビ臭の原因となるのは，アルミニウム，フッ素ではなくジェオスミンや2-メチルイソボルネオール等の有機物質である。不適当である。
3	(2)	遊離残留塩素は 0.1 mg/L 以上，結合残留塩素は 0.4 mg/L 以上が正しく，濃度が逆である。不適当である。

水道行政

4	(2)	規則第十五条第1項の規定により，色，濁り，消毒の残留効果の検査は1日に1回以上行わなくてはならない。不適当である。
5	(1)	水道法施行規則の「第四章 簡易専用水道」の規則第五十五条に関する出題である。 同条第1項に「1年以内ごとに1回，定期に，行うこと」とあり，2年に1回以上ではない。不適当である。
6	(4)	平成 30 年の水道法改正に関する出題である。 給水装置工事主任技術者の5年ごとの更新制度は，導入されていない。なお，給水装置工事主任技術者証の5年毎の更新はある。不適当である。
7	(1)	令和元年6月26日に厚生労働省（薬生水発 0626 第1号）"水道法の一部改正に伴う指定給水装置工事事業者制度への指定の更新制の導入について"の「第5 更新時に確認することが望ましい事項」において4項目記載されている。 (https：//www.kyuukou.or.jp/materials/file/file-r 01.06.26.pdf) ア，ウ，エは，正しい。イは指定給水装置工事事業者の受注実績ではなく業務内容と記されている。誤りである。以上より，(1)組み合わせが適当である。
8	(5)	水道法第十四条の水道事業者に課せられた供給規定の出題である。

問題番号	解答番号	ワンポイント解説
		ア　同条第1項のとおり。正しい。イ　同条第4項に「供給規程を,その実施の日までに一般に周知させる措置をとらなければならない」とあり,"その実施の日以降"は誤りである。ウ　同条第2項四のとおり。正しい。エ　同条第2項五の記述は,貯水槽水道に関する記述であり,この中で"専用水道"は除外されている。誤りである。以上より,(5)の組み合わせが適当である。
9	(2)	水道法第十五条に記された給水義務に関する出題である。 　ア　法十五条第3項のとおり。正しい。イ　同条第2項のとおり。正しい。ウ　同条第1項に"給水区域内の需要者から給水契約の申込みを受けたときは,正当な理由がなければ,これを拒んではならない。"とあるが正当な理由には,①　配水管未布設地区からの申込み,②　給水量が著しく不足している場合,③　多量の給水量を伴う申込み,がある。本設問は①に相当し,供給契約を拒むことができる。誤りである。以上より,(2)の組み合わせが適当である。

給水装置工事法

問題番号	解答番号	ワンポイント解説
10	(1)	ア　給水装置の範囲は,当該分岐部分から水道メーターまでである。エ　地下埋設物により障害になっても,給水装置工事事業者には水道以外の事業者のものを移設する権限はないので防護になる。イ,ウ　配水管その他の埋設物に変形,破損その他異常を生じさせるのは,少なくとも当該工事に使用する材料ではあり得ないので順に資機材,工法となる。以上より,(1)の組み合わせが適当である。水道法施行規則第三十六条を参照されたい。
11	(2)	サドル付分水栓の穿孔作業時は,分水栓の吐水部へ排水ホースを連結させてバケツ等排水受けに差し込むことが正しい施行法である。不適当である。 ※各地方公共団体の給水工事の施行手順を参照されたい。
12	(3)	サドル付き分水栓の取付け作業時は,配水管の穿孔前にバルブを全開にしておく必要がある。穿孔時に出る切子が配水管に戻らないように外部に排出させるための措置である。不適当である。古典的ではあるが,頻出する設問であり文字もよく似ているので読み間違いにも注意する。
13	(3)	給水管の道路占用については,道路法の規定が適用される。埋設深さはしっかり記憶する。 　ア　1.2 m,イ　0.6 m,ウ　土被りを標準又は規定値まで取れない場合は,水道管の破壊による被害が道路に及ぶことから,道路管理者と協議する。 　エ　0.3 m。以上より(5)の組み合わせが適当である。 参考:厚生労働省給水装置データベースの「3.2 給水管の埋設深さ及び占用位置」 https://www.mhlw.go.jp/kyusuidb/kyusui/sys 3-2 to 4.htm

問題番号	解答番号	ワンポイント解説
14	(5)	明示テープの色は，水道管（青）・工業用水管（白）・<u>ガス管（緑）・下水道管（茶）</u>・電話線（赤）・電力線（オレンジ）であり，設問の「ガス管は黄色，下水道管は緑色」は間違いである。不適当である。 参考：厚生労働省給水装置データベースの「3.3 給水管の明示」 https：//www.mhlw.go.jp/kyusuidb/kyusui/sys3‐2 to 4.htm なお，テープ色はメーカサイトがわかりやすい。 http：//www.ishiimark.com/sftyline.htm
15	(2)	ア　記述のとおり。正しい。イ　水道メーターの交換作業の利便のため，<u>止水栓を必ず設置する。</u>誤りである。ウ　記述のとおり。正しい。エ　集合住宅の各戸住戸には<u>メータユニット</u>を使用する。メーターバイパスユニットは集合住宅等の親メーターに取付け，<u>親メーター点検・交換時に多くの戸数が断水することを避ける</u>ために設けられる。(2)の組み合わせが適当である。 参考：厚生労働省給水装置データベースの「3.5 水道メータの設置」 https：//www.mhlw.go.jp/kyusuidb/kyusui/sys3‐5.htm
16	(4)	砂や鉄粉が混入した場合の除去方法において取り外すのは給水栓ではなく<u>水道メーター</u>である。不適当である。 参考：厚生労働省給水装置データベースの「5.維持管理」 https：//www.mhlw.go.jp/kyusuidb/kyusui/sys5.htm
17	(1)	各階ごとに取り付けるのは，逆止弁ではなく<u>止水栓</u>である。不適当である。 参考：厚生労働省給水装置データベース 　　「配管工事」((1)(2)(5)) https：//www.mhlw.go.jp/kyusuidb/kyusui/sys3‐8.htm 　　「破損防止」((3)(4)) https：//www.mhlw.go.jp/kyusuidb/kyusui/sys3‐9‐2.htm
18	(5)	水道直結式スプリンクラー設備の水理計算及び給水管，給水用具の選定は，<u>消防設備士</u>が行わなければならない。不適当である。 ※各地方公共団体が公開している"給水装置工事施行要領"等を参照されたい。
19	正答なし	本問については，試験主催者である（公財）給水工事技術振興財団より，不適当と考えられる設問が2つあったとして，「正答なし」としたことが公式に発表されているが，各設問の正誤を記す。 （1）　水道配水用ポリエチレン二層管（第1種）の曲げ加工は，日本ポリエチレンパイプシステム協会規格 JPK 002 では，記述どおり管外径の「25倍」だが，JIS K 6762 では同「20倍」と記されており，正答なし。(2)　記述どおりである。正しい。[b]　(3)　記述どおりである。正しい。[a]　(4)　ステンレス鋼鋼管を曲げ半径は呼び径の<u>4倍</u>である。10倍は間違い。[a]

問題番号	解答番号	ワ ン ポ イ ン ト 解 説
		参考　a) 厚生労働省給水装置データベースの「配管工事」
		https : //www.mhlw.go.jp/kyusuidb/kyusui/sys 3 - 8 . htm
		b) （公財）給水工事技術振興財団編「給水装置工事技術指針 2020」

給水装置の構造及び性能

20	(4)	ア　日出後日没前に限り，イ　閉鎖された門内，ウ　これらに代わるべき者であり，(4) の組み合わせが正しい。
21	(2)	耐圧性能試験の静水圧は 0.74 メガパスカルではなく，20 キロパスカルである。不適当である。
22	(4)	給水用具のバルブは閉状態ではなく「開」状態で配管工事後の耐圧試験を実施する。不適当である。
23	(2)	イ　金属材料の浸出性能試験は，部品試験や材料試験を選択することはできない。誤りである。ア，ウ，エは正しい。したがって，(2) の組み合わせが適当である。
24	(2)	ウ　水撃防止器具を設置するのは水撃作用の発生のおそれのある箇所の直後ではなく直前である。誤りである。ア，イ，エは正しい。したがって，(2) の組み合わせが適当である。
25	(3)	吐水口空間は 100 mm ではなく，200 mm である。不適当である。
26	(1)	水抜き用の給水用具は水道メーターの上流側ではなく下流側に取り付ける。不適当である。
27	(3)	ア　10，イ　−20，ウ　2，エ　1 であり，(3) の組み合わせが正しい。
28	(4)	イ　シアンを取り扱う施設には近接してはならない。誤りである。ウ　有機溶剤が浸透する場所では樹脂管は使用できない。誤りである。ア，エは正しい。したがって，(4) の組み合わせが適当である。
29	(5)	イ　逆止弁を設置しても直接連結してはならない。誤りである。ウ　クロスコネクションである。誤りである。エ　一時的でも直接連結はできない。誤りである。アは正しい。したがって，(5) の組み合わせが適当である。

給水装置計画論

30	(3)	ア，イ，エは，正しい。 ウ　口径，布設位置については，当該埋設物管理者への確認が必要である。水道事業者は，誤りである。したがって，(3) の組み合わせが適当である。
31	(2)	受水槽に受水した後にポンプで圧力水槽に貯え，である。 受水槽を設置せずに，は不適当である。
32	(3)	直結加圧形ポンプユニットに近接して逆流防止器を設置しなければならない。

問題 番号	解答 番号	ワンポイント解説
33	(4)	水抜き栓を設置，は不適当である。 表−1より，1戸当たり，給水用具1個当たりの平均使用水量を計算する。 給水用具は各々1個なので，使用水量を合計する。 20＋20＋10＋30＋15＋5＝100 L/min 平均使用水量　100 L/min÷6個＝16.66 L/min≒16.7 L/min 表−2より，同時使用水量を求める。総末端給水用具6個は，同時使用水量比は2.4なので。平均使用水量×同時使用水量比＝同時使用水量 16.7 L/min×2.4≒40.0 L/min 全戸使用水量は，30戸なので　40.0 L/min×30戸＝1200 L/min 表−3より，戸数21〜30の時，同時使用戸数率は，70% 全戸使用水量×同時使用戸数率%＝全戸同時使用水量 1200 L/min×70÷100＝840 L/min (4)が適当である。
34	(3)	ウエストン公式を用いて，40 mm の流量 Q を求める。 40 mm＝0.04 m，V_1＝1.0 m/s Q＝$(\pi \cdot D^2/4) \cdot V$＝〔3.14×$(0.04)^2$/4〕×1.0＝0.001256 m²/ s 25 mm の流速 V を求める。25 mm＝0.0025 m V＝$(4/\pi \cdot D^2) \cdot Q$＝〔4/3.14×$(0.0025)^2$〕×0.001256＝2.559≒2.6 m/s (3)が適当である。
35	(2)	給水栓 B 点の静水頭を求める。 A 点の水圧−A 点より B 点までの高低差 20 m−(1 m＋3 m)＝16 m A〜B 間の配管延長を求める。 4 m＋1 m＋12 m＋3 m＝20 m A〜B 間の摩擦損失水頭を求める。 図−2より，流量 0.6 L/s，口径 20 mm より 約 250‰ の動水勾配が読取る事ができる。 配管延長×動水勾配＝20 m×250‰＝20×250÷1000＝5 m 図−3より，流量 0.6 L/s，各水栓の損失水頭を求める。 分水栓は約 0.6 m，甲形止水栓は約 1.9 m，給水栓は約 1.9 m。 図−4より，水道メーターの損失水頭を求める。 流量 0.6 L/s，口径 20 mm より約 1.3 m。 各水栓を合計する，0.6 m＋1.9 m＋1.9 m＋1.3 m＝5.7 m

問題番号	解答番号	ワ ン ポ イ ン ト 解 説
		余裕水頭＝静水頭－損失水頭なので， $16\,\mathrm{m}-(5\,\mathrm{m}+5.7\,\mathrm{m})=5.3\,\mathrm{m}\fallingdotseq5.4\,\mathrm{m}$ （2）が，適当である。

給水装置工事事務論

36	(1)	給水装置工事に関する実務の経験とは，給水装置工事に関する技術上のすべての職務経験をいう。すなわち，技術上の職務経験とは，給水装置の工事計画の立案，給水装置工事の現場における監督に従事した経験，その他給水装置工事の施工を計画，調整，指揮監督又は管理した経験及び給水管の配管，給水用具の設置等の給水装置工事の施行の技術的な実務に携わった経験をいい，これらの技術を習得するためにした見習いの技術的な経験も含まれる。なお，工事現場への物品の搬送等の単なる雑務及び給与計算等の単なる庶務的な仕事に関する経験は，同条でいう実務の経験には含まれない。不適当である。
37	(1)	イ　ウ　エは正しい。 ア　掘削面の高さが2m以上となる地山の掘削の作業。誤りである。したがって，（1）の組み合わせが適当である。
38	(5)	給水管に適用される性能基準は，耐圧性能基準と浸出性能基準の二つである。
39	(2)	自己認証の用語の定義は，製造者等が自ら又は製品試験機関等に委託して得たデータや作成した資料等によって，性能基準適合品であることを証明することをいう。適当である。 （1），（3），（4）は，自己認証に関する記述ではない。
40	(4)	2以上の都道府県の区域内に営業所を設けて建設業を営もうとする者は，国土交通大臣の許可を受けなければならない（特定建設業の許可）。不適当である。

「学科試験 2」
給水装置の概要

41	(3)	耐衝撃性硬質ポリ塩化ビニル管は，硬質ポリ塩化ビニル管の耐衝撃強度を高めるように改良されたもので，長期間直射日光が当たると耐衝撃強度が低下することがある。不適当である。
42	(4)	(1)　ダクタイル鋳鉄管の内面防食は，直管はモルタルライニングとエポキシ樹脂粉黛塗装があり，異形管はエポキシ樹脂粉黛塗装である。不適当である。 (2)　水道用ポリエチレン二層管は，柔軟性があり現場での生曲げ配管が可能であるが，低温での耐衝撃性に優れ，耐寒性があることから寒冷地の配管に多く使われている。不適当である。

問題番号	解答番号	ワンポイント解説
		(3) ポリブテン管は，高温時でも高い強度を持ち，しかも金属管に起こりやすい侵食もないので温水用配管に適している。不適当である。
		(5) 硬質塩化ビニルライニング鋼管は，鋼管の内面に硬質塩化ビニルをライニングした管で，外面仕様は，SGP-VA（外面は一次防錆塗装（茶色）），SGP-VB（外面は亜鉛めっき），SGP-VD（外面は硬質塩化ビニル（青色））である。不適当である。
43	(5)	ア　メカニカル式継手，イ　プレス式，ウ　金属継手，エ　フランジ継手
44	(2)	ア　二重式逆流防止器，イ　リフト式逆止弁，ウ　減圧式逆流防止器，エ　スイング式逆止弁
45	(3)	不凍栓類は，配管の途中に設置し，流出側配管の水を地中に排出して凍結を防止する給水用具である。不凍給水栓，不凍水抜栓，不凍水栓柱，不凍バルブ等がある。不適当である。
46	(4)	ア　ウは正しい。 イ　ダイヤフラム式ボールタップの機構は，圧力室内部の圧力変化を利用しダイヤフラムを動かすことにより吐水，止水を行うもので，給水圧力による止水位の変動が極めて少ない。誤りである。 エ　甲形止水栓は，止水部が落しこま構造であり，弁部の構造から流れがS字形となるため損失水頭が大きい。誤りである。したがって，(4) の組み合わせが適当である。
47	(5)	イ　ウは正しい。 ア　定量止水栓は，ハンドルの目盛りを必要な水量にセットすることにより，指定した量に達すると自動的に吐水を停止する給水用具である。定流量弁は，一次側の圧力にかかわらず，ばね，オリフィス，ニードルなどによる流量調整機構によって，流量が一定になるよう調整する給水用具である。誤りである。 エ　ツーハンドル湯水混合水栓は，湯側・水側の2つのハンドルを操作し，吐水・止水・吐水量の調整，吐水温度の調整ができる。一方，サーモスタット湯水混合水栓は，あらかじめ吐水温度を設定しておけば，湯水の圧力変動及び温度変化があった場合でも，湯水混合量を自動的に調整し，設定温度の混合水を供給する。吐水・止水・吐水量の調整は別途止水部で行う。誤りである。したがって，(5) の組み合わせが適当である。
48	(3)	ア　ウ　エは正しい。

問題番号	解答番号	ワ ン ポ イ ン ト 解 説
		イ　潜熱回収型給湯器の記述である。一方，貯湯湯沸器は，貯湯槽内に貯えた水を加熱する構造で，湯温に連動して自動的に燃料通路を開閉，又は電源を切り替え（ON/OFF）する機能を有している。誤りである。したがって，(3)の組み合わせが適当である。
49	(5)	基本的な機能・構造は貯湯湯沸器と同じであるが，水の加熱が貯湯槽外で行われるため，貯湯槽内の圧力は異常に上昇することがないので，労働安全衛生法施行令に定めるボイラーにならない。不適当である。
50	(5)	吸込側の圧力が異常に低下した場合には自動停止し，復帰した場合には自動復帰し運転を再開する。不適当である。
51	(1)	ア　イ　エは正しい。 ウ　水撃防止器は，給水装置の管路途中又は末端の器具等から発生する水撃作用を軽減又は緩和するため，封入空気をゴム等により圧縮し，水撃を緩衝する給水器具である。ベローズ形，エアバック形，ダイヤフラム式，ピストン式等がある。誤りである。したがって，(1)の組み合わせが適当である。
52	(5)	水道メータは，許容流量範囲を超えて水を流すと，正しい計量ができなくなるおそれがあるため，適正使用流量範囲，瞬間使用の許容流量などに十分留意する。安全弁を設置しても効果はない。誤りである。不適当である。
53	(3)	ア　イは正しい。 ウ　電磁式水道メータは，水の流れと垂直な方向に磁界かけ，流れと磁界により流速に比例して誘起された起電力により流量を測定する器具である。誤りである。 エ　軸流羽根車式水道メータのたて形軸流羽根車式は，水の流れが，メータ内で迂流するため，やや圧力損失が大きい。誤りである。したがって，(3)の組み合わせが適当である。
54	(4)	水栓から不快音があったので原因を調査した。その結果，スピンドルの孔とこま軸の外径が合わなくがたつきがあったので，摩耗したこまを取り換えた。不適当である。
55	(3)	ア　エは正しい。 イ　大便器洗浄弁の吐水量が少なかったので原因を調査した。その結果，水量調節ねじを閉め過ぎていたので，水量調節ねじを左に回して吐水量を増やした。誤りである。

問題番号	解答番号	ワンポイント解説
		ウ　ボールタップ付ロータンクの水が止まらなかったので調査した。その結果，フロート弁の摩耗，損傷のためすき間から水が流れ込んでいたので，<u>フロート弁を取り換えた</u>。誤りである。したがって，(3)の組み合わせが適当である。

給水装置施工管理法

問題番号	解答番号	ワンポイント解説
56	(4)	工程管理は，一般的に計画，実施，ア　管理に大別することができる。計画の段階では，給水管の切断，加工，接合，給水用具据え付けの順序と方法，建築工事との日程調整，機械器具及び工事用材料の手配，技術者や配管技能者を含むイ<u>作業従事者</u>を手配し準備する。工事はウ　<u>給水装置工事主任技術者</u>の指導監督のもとで実施する。 (4)が，適当である。
57	(1)	埋戻し土は，<u>道路管理者</u>が定める基準等を満たした材料である。 水道事業者は，不適当である。
58	(2)	<u>残留塩素</u>，<u>におい</u>，<u>濁り</u>，<u>色</u>，味である。(2)が適当である。
59	(4)	ウ　エは，正しい。 ア　地下埋設物の有無を十分に調査するとともに，当該<u>埋設物管理者</u>に立会いを求めることによってその位置を確認し，である。道路管理者は，誤りである。 イ　やむを得ない場合は管轄する<u>埋設物管理者</u>と協議し，である。消防署は，誤りである。したがって，(4)の組み合わせが適当である。
60	(1)	やむを得ない理由で周囲の路面と段差が生じた場合は，<u>5</u>パーセント以内の勾配ですりつけなければならない。10パーセント以内は，不適当である。

給水装置工事主任技術者試験
令和元年度試験問題 解答試案
(2019 年度)

市ケ谷出版社

問題番号	解答番号	ワ ン ポ イ ン ト 解 説

「学科試験 1」

公衆衛生概論

1	(4)	ジエチルーp−フェニレンジアミン（DPD）と反応して生じるのは桃〜桃赤色であり，(4)の青色は不適当である。
2	(2)	「病原生物に汚染され，又は病原生物に汚染されたことを疑わせるような生物若しくは物質を含むものでないこと。」と規定されており，アの「許容量を超えて含むものでない」は誤りである。 「異常な臭味がないこと。ただし，消毒による臭味を除く。」と規定されており，ウの「消毒による臭味がないこと」は誤りである。 イおよびエは正しい。 したがって，適当なのは(2)の組み合わせである。
3	(3)	平成 8 年 6 月に埼玉県越生市で発生した集団感染の主たる原因は(3)のクリプトスポリジウムである。

水道行政

4	(1)	ア　法第三十四条の二に「簡易専用水道の設置者は,厚生労働省令で定める基準に従い,その水道を管理しなければならない」とある。イ　ウ　規則第五十五条一に「水槽の掃除を 1 年以内ごとに 1 回，定期に，行うこと」。エ　法第三十四条の二の 2 に「定期に,地方公共団体の機関又は厚生労働大臣の登録を受けた者の検査を受けなければならない。」。 以上より，(1)の組み合わせが適当である。
5	(2)	(衛水第 217 号)「水道法の一部改正による給水装置工事事業者の指定制度等について」の「第一給水装置工事の定義」の記述に関する出題である。 (1)は第一の一どおり。正しい。(2)　第一の三で,工場内作業等で組み立てられた場合は給水装置工事に該当しない。誤り。(3)　給水装置の範囲は配水管分岐から水道メーターまでである。正しい。(4)　給水用具の定義は「給水管に容易に取り外しのできない構造として接続し，有圧のまま給水できる給水栓等の用具」であり，継手は容易に取り外せないので給水用具である。正しい。 以上より，(2)が不適当である。

問題番号	解答番号	ワンポイント解説
6	(4)	ア　規則第二十三条第一号による。正しい。イ　法第二十五条の四第3項第一号による。正しい。ウ　法第二十五条の四第3項第二号による。正しい。エ　規則第二十三条第三号による。正しい。 以上より，(4)が適当である。
7	(1)	(1)　平成8年の水道法改正により，<u>全国一律の制度</u>となった。誤り。 (2)　規則第三十六条第四号どおり。正しい。(3)　法第二十五条の三第2項どおり。正しい。(4)　法第十六条の二のとおり。正しい。 以上より，(1)が不適当である。
8	(4)	(4)　水道事業者は，給水区域内で需要者からの申し込みを受けた場合でも，<u>正当な理由があれば拒否できる</u>。例として需要者の給水装置が水道事業者の指定給水装置工事事業者が施行していない場合などがある。誤り。 (1)　法第十五条第1項に「正当な理由がなければこれを拒んではならない」とある。正しい。(2)　法第八条第四号の規定で「給水区域が他の水道事業の給水区域と重複しないこと」とあり，事実上給水区域内で独占を保証している。正しい。(3)　法第十五条第3項どおり。正しい。 以上より，(4)が不適当である。
9	(1)	ア　法第六条第1項に「**水道事業を経営しようとする者は，厚生労働大臣の認可を受けなければならない**」とある。正しい。イ　法第八条第四号に「給水区域が他の水道事業の給水区域と重複しないこと」とある。正しい。 ウ　「水道事業者」の認可をするのは<u>厚生労働大臣</u>である（法第六条）。誤り。 エ　「水道用水供給事業」は厚生労働大臣の認可を受けなければならない（法第二十六条）とあり<u>許認可の対象</u>である。誤り。（水道事業者と水道用水供給事業者を混同せぬよう注意。） 以上より，(1)が適当である。

給水装置工事法

問題番号	解答番号	ワンポイント解説
10	(2)	分岐工法の手順と基本を述べている。ア　分水栓の取付け後は配管への<u>穿孔</u>。イ　給水装置の範囲は分岐から<u>水道メータ</u>まで。ウ　後に続く「その他地下埋設物」から，<u>当該配水管</u>。エ　冒頭の「・・・技能を有する者」から<u>正確な作業</u>である。 以上より，(2)の組み合わせが適当である。

問題番号	解答番号	ワンポイント解説
11	(4)	ア　弁体は<u>全開状態</u>にしなければならない。誤り。イ　サドル付分水栓の取付方法である。正しい。ウ　ハンドルの回転は穿孔時には<u>重く</u>,<u>終了が近づくと軽く</u>なる。誤り。エ　(株)タブチの「サドル付き分水栓」の注意事項に記述がある。正しい。 以上より，(4)の組み合わせが適当である。 参考：https://www.tabuchi.co.jp/product/system/saddle-with-diversion-plug/pdf/saddle_sekou.pdf
12	(3)	(1)　厚労省給水装置データベース「給水装置標準計画・施工方法」3.2給水管の埋設深さ及び占用位置[a]の解説2のとおり。正しい。 (2)　国交省「道路の無電柱化低コスト手法導入の手引き（案）」[b]に浅層埋設のメリットが記されている。正しい。 (3)　国交省「電線等の埋設物に関する設置基準」[c]3.埋設深さ(2)に「歩道の地下に設ける場合は」に<u>0.1 m以下</u>としないこととある。誤り。 (4)(1)に同じ3.2給水管の埋設深さ及び占用位置の本文1のとおり。正しい。 以上より，(3)は不適当である。 　　　　a) https://www.mhlw.go.jp/kyusuidb/kyusui/sys3-2to4.htm 　　　　b) https://www.mlit.go.jp/road/road/traffic/chicyuka/pdf/tebiki-ver2.pdf 　　　　c) https://www.mlit.go.jp/common/001120434.pdf
13	(2)	(2)　管端融着面清掃は，必ず素手で行い，エタノール，パルプ100%のペーパータオルでアセトン等有機溶剤を用いて清拭（せいしき）する。<u>軍手・ウエス等は使用禁止</u>。誤り。 (1)(3)(4)は正しい。 以上より，(2)は不適当である。 （参考資料）クボタケミックス技術資料：https://www.kubota-chemix.co.jp/dcms_media/other/B42_WPE%E6%8A%80%E8%A1%93%E8%B3%87%E6%96%99.pdf
14	(2)	(2)　厚労省給水装置データベース「給水装置標準計画・施工方法」3.8配管工事「3.事故防止のため，<u>他の埋設物との間隔をできるだけ30 cm以上確保すること</u>」とあり，設問の20 cmは不適当である。(1)(3)(4)は適当である。 (1)　同3.9.2破損防止のとおり。(3)　3.8配管工事。(3)　伊丹市上水道局の基準，第6章第8節配管工事に同じ記述がある。(4)　同3.8配管工事に記述がある。 以上より，(2)は不適当である。
15	(3)	(3)　<u>硬質銅管の曲げ加工は行わない</u>。不適当である。(1)(2)(4)は適当である。

問題番号	解答番号	ワンポイント解説
		(1) 厚労省給水装置データベース「給水装置標準計画・施工方法」3.8配管工事「ベンダーにより行い, 加熱による焼曲げ加工等は行ってはならない」とある。(2) 同「最大角度は, 原則として90度(補角)とし, 曲げ部分にしわ, ねじれ等がないようにする」とある。(4) 水道用ポリエチレン二層管施工ハンドブックに, 1種管で管外径の20倍とある。 以上より, (3)は不適当である。
16	(2)	厚労省給水装置データベース「給水装置標準計画・施工方法」の記述に関する設問である。アとエは, "3.3 給水管の明示"どおり。いずれも正しい。イとウは, "3.3 給水管の明示"の解説で, "明示に使用する材料及び方法は, 建設省令第6号により, 埋設管等の地色が定められている"とあり, 色及びその方法は一律に定められている。また, 指示された位置に設置する。誤り。 以上より, (2)の組み合せが適当である。
17	(4)	(4) メーターバイパスユニットは, 親メーター点検・交換時に多くの戸数が断水することを避けるために設けられる。不適当である。 (1)(2)(3)の記述はいずれも正しく, 適当である。 以上より, (4)は不適当である。
18	(3)	ア 内部にスケール(赤錆)が発生しやすくなるのは亜鉛めっき鋼管である。誤り。イ 厚労省給水装置データベース, 給水装置標準計画・施工方法5. 維持管理の解説 3-1)-(1)-iv) クロスコネクションのおそれがある場合は直ちに飲用を中止しなければならない。したがって, 「飲用前に一定時間管内の水を排水」するは, 誤り。ウ 同データベース解説 4-1-(3)の記述どおり。正しい。エ 給水装置の異常に関する調査依頼, 原因究明は給水装置主任技術者の職務である。正しい。 以上より, (3)の組み合せが適当である。
19	(1)	ア 消防法令と給水装置の構造及び材質の基準, 両方に適合しなければならない。誤り。イ 平成18年発生の死亡火災により消防法施行令別表1の(6)項が変更された。正しい。ウ 平成19年(健水発第1221002号)の第1項(3)に記述がある。正しい。エ 給水管分岐部と電動弁との間は極力短くして汚染防止を図ることが必要である。なお, 消火時の水量と配管長は無関係。誤り。 以上より, (1)の組み合せが適当である。

給水装置の構造及び性能

問題番号	解答番号	ワンポイント解説
20	(4)	(4)は, 水道法第16条の2第3項で「ただし, 厚生労働省令で定める給水装置の軽微な変更であるとき, 又は当該給水装置の構造及び材質が前条の規定に基づく政令で定める基準に適合していることが確認されたときは, この限りでない。」と規定されており, 「給水を停止することができる」だけでは, 不適当である。

問題番号	解答番号	ワンポイント解説
21	(3)	(3)の加圧装置は「当該加圧装置の<u>最大吐出圧力</u>の静水圧を1分間加えたとき，水漏れ，変形，破損その他の異常を生じないこと。」と規定されており，(3)の「1.75メガパスカル」は不適当である。
22	(1)	ウの「水位の上昇が75ミリメートルを超えないこと」は「<u>3ミリメートル</u>」の誤り。 エの「流出側」は「流入側」の誤り。また，「3ミリメートル」は「<u>75ミリメートル</u>」の誤り。 アとイは正しい。 したがって，(1)の組み合わせが適当である。
23	(2)	アの「管内流速を速くする」は「<u>遅くする</u>」の誤り。 ウの複式ボールタップと単式ボールタップの記述は逆で誤っている。 イとエは正しい。 したがって，(2)の組み合わせが適当である。
24	(1)	(1)は「<u>自然電位の低い金属が侵食される</u>」が正しく，「高い」は不適当である。
25	(2)	アは正しい。イとエはクロスコネクションの禁止に反しており，誤っている。 ウはクロスコネクションであり，誤っている。 したがって，(2)の組み合わせが適当である。
26	(4)	省令第二条3項で「給水装置は，シアン，六価クロムその他水を汚染するおそれのある物を貯留し，又は取り扱う施設に<u>近接して設置されていてはならない。</u>」と規定されており，(4)の防護措置は不適当。
27	(3)	給水管が20 mmの場合は越流面から吐水口の中心までの距離および近接した壁から吐水口の中心までの距離はいずれも40 mm以上である。したがって，(3)が適当である。
28	(4)	内部貯留式不凍給水栓は水圧<u>0.1メガパスカル以下のところでは使用できない</u>。したがって，(4)の「水圧に関係なく」は不適当である。
29	(2)	(2)の「24時間保持したのち」は，「<u>1時間</u>」の誤りである。

給水装置計画論

問題番号	解答番号	ワンポイント解説
30	(4)	(1)(2)(3)は正しい。 (4)　バキュームブレーカの設置が義務付けられている。 吸排気弁は，不適当である。

問題番号	解答番号	ワンポイント解説
31	(3)	(1)(2)(4)は正しい。 (3)<u>定流量弁</u>，<u>減圧弁</u>を設置することが必要である。逆止弁を設置するは，不適当である。
32	(3)	ウとエは正しい。 ア　直結式給水は，給水管の途中に<u>直結加圧形ポンプユニット</u>を設置して給水する方式（直結増圧式）がある。 圧力水槽を設置して給水する方式は，不適当である。 イ　受水槽<u>入口</u>で配水系統と縁が切れる。 受水槽出口で配水系統と縁が切れる。は，不適当である。
33	(2)	表−1より，1戸当たり，給水用具1個当たりの平均使用水量を計算する。 給水用具は各々1個なので，使用水量を合計する。 12＋12＋8＋20＋12＝64 L/分 平均使用水量は　64 L/分÷5個＝12.8 L/分 表−2より，使用水量を求める。総末端給水用具数5個は，同時使用水量比は2.2なので。平均使用水量×同時使用水量比＝使用水量 12.8 L/分×2.2＝28.16 L/分 12戸なので　28.16 L/分×12戸＝337.9 L/分 表−3より，戸数11〜20の時，同時使用戸数率は，80% 使用水量×同時使用戸数率%＝同時使用水量 337.9 L/分×80÷100＝270.3 L/分≒270 L/分 (2)が適当である。
34	(1)	1日当たりの使用水量を求める。 男子　80人×50 L＝4,000 L 女子　60人×100 L＝6,000 L 4,000 L＋6,000 L＝10,000 L＝10 m³ 受水槽容量は，1日の使用水量の40%〜60%であるので， 40%の場合　10 m³×40÷100＝4 m³ 60%の場合　10 m³×60÷100＝6 m³ 4 m³〜6 m³ (1)が適当である。
35	(3)	直結加圧形ポンプユニット〜給水栓間の摩擦損失水頭を求める。 配管延長＝5 m＋15 m＝20 m 毎分を毎秒に換算する。30 ℓ/分÷60秒＝0.5 ℓ/秒

問題 番号	解答 番号	ワンポイント解説
		図－2より，流量 0.5 ℓ/秒，口径 20 mm より 約 170‰ の動水勾配が読取る事ができる。 配管延長×動水勾配＝摩擦損失水頭 20 m×170‰＝20×170÷1000＝3.4 m ポンプの吐水圧を求める。摩擦損失水頭＋立ち上がり＋給水栓を使用するために 必要な圧力＋逆止弁の損失水頭＝直結加圧形ポンプユニットの吐水圧 3.4 m＋15 m＋5 m＋10 m＝33.4 m≒33 m (3)は適当である。

給水装置工事事務論

問題 番号	解答 番号	ワンポイント解説
36	(3)	給水装置工事主任技術者は，工事全体の管理や品質目標に適合した工事が行われ るよう，随時工事従事者に対する適切な技術的指導を行わなければならないな ど，給水装置工事を適正に施行するための技術の要としての役割を果たさなけれ ばならないとあり，工事従事者の技術的能力の評価は職務にはない。不適当であ る。
37	(1)	ア　イ　エは正しい。 ウ　工事は，適切に作業を行うことができる技能を有する者に工事を行わせるか または実施に監督させるようにしなければならない。また，自ら作業に従事して もかまわないとあり，必ず，現場に立ち会って施行上の指導監督を行わなければ ならないという規定はない。誤りである。
38	(3)	指定給水装置工事事業者の指定の取り消しは，唯一水道法第二十五条の十一に規 定されており，条例などで指定の取り消し事由を定めることはできない。不適当 である。
39	(3)	記録を作成し，3年間保存しなければならない。不適当である。
40	(3)	自己認証のための基準適合の証明は，各製品が設計段階で基準省令に定める性能 基準に適合していることの証明と当該製品が製造段階で品質の安定性が確保さ れていることの証明が必要となる。不適当である。

「学科試験 2」

給水装置の概要

問題 番号	解答 番号	ワンポイント解説
41	(4)	イ　ウは正しい。 ア　需要者が他の所有者の給水装置（水道メータの上流側から）分岐承諾を得て 設けた給水管及び給水用具は，給水装置に該当する。誤っている。 エ　集合住宅などで，配水管から給水管を経由して水道水を一旦受水槽に受けて 給水する方式では，受水槽以降の給水管は給水装置に当たらない。誤っている。

問題番号	解答番号	ワンポイント解説
42	(1)	ア　ウは正しい。 イ　架橋ポリエチレン管は，有機溶剤，ガソリン，灯油，油性塗料，クレオソート（木材用防腐剤），シロアリ駆除剤などに接すると，管に浸透し，管の軟化・劣化や水質事故を起こすことがあるので，これらの物質と接触させてはならない。誤りである。 エ　硬質塩化ビニルライニング鋼管は，鋼管の内面に硬質ポリ塩化ビニルをライニングした管で，機械的強度が大きく，耐食性に優れている。誤っている。
43	(1)	ア　プレス式継手　イ　接着剤　ウ　メカニカル式継手　エ　管端防食継手
44	(1)	イ　エは正しい。 ア　貯湯湯沸器は，貯湯部が密閉されており，貯湯部にかかる圧力が $100\,kPa$ 以下で，かつ，伝熱面積が $4\,m^2$ 以下及び $100\,kPa$ を超え $200\,kPa$ 以下で，かつ伝熱面積が $2\,m^2$ 以下の構造のものであるので，労働安全衛生法に規定するボイラー及び小型ボイラーに該当しない。誤りである。 ウ　太陽熱利用貯湯湯沸器は，①太陽集熱装置系と上水道系が蓄熱槽内で別系統となっている2回路式（間接加熱式），②太陽集熱装置内に上水道が循環する水道直結式（直接加熱式）及び③シスターンによって水道管と縁の切れているシスターン式などがある。誤りである。
45	(2)	ミキシングバルブは，配管途中に組み込んで，水と湯を混合し，サーモスタットで所定の温度の湯を供給するバルブであり，流量は調節はできない。不適当である。
46	(4)	ア　ウは正しい。 イ　直結加圧形ポンプユニットは，通常，加圧ポンプ，制御盤，圧力タンク，逆止め弁をあらかじめ組み込んだユニット形式となっている場合が多い。誤りである。 エ　圧力タンクは，一般に容量は $20\,L$ 程度で，水の使用が停止すると，圧力タンク内の圧力を高めて停止前の状態を保ち，ポンプで停止後の少量の水の使用には，圧力タンク内の水を供給することで，加圧型ポンプのスイッチの開閉数を少なくする目的で用いられる。停電によりポンプが停止したときの蓄圧機能は有していない。誤りである。
47	(3)	ボールバルブは，弁体が球状のため90°回転で全開，全閉することができる構造であり，全開時の損失水頭は極めて小さい。一方，玉形弁は，止水部が吊りこま構造であり，逆流防止機能がなく，損失水頭も大きい。不適当である。
48	(3)	ア　ウは正しい。

問題番号	解答番号	ワンポイント解説
		イ　たて形は，メーターケースに流入した水流が，整流器を通って，<u>垂直</u>に設置された螺旋状羽根車に沿って下方から上方に流れ，羽根車を回転させる構造となっているもので，小流量から大流量用まで使用範囲は広いが，やや<u>圧力損失が大きい</u>という欠点がある。誤りである。 エ　水道メーターの指示部の形態は，計量値をアナログ表示する<u>円読式</u>（回転式の指針を有する）と計量値をデジタル表示する<u>直読式</u>がある。誤りである。
49	(4)	水道メーターの指示部の形態で，<u>電子式とは，羽根車に永久磁石を取り付けて，羽根車の回転を磁気センサで電気信号として検出し，集積回路により演算処理して，通過水量を液晶表示する方法である。</u>一方，機械式は，従前からあるメーターで，羽根車の回転数と通過水量が比例することに着目して計量する羽根車式が主に使用されている。不適当である。
50	(3)	フロートにつながる鎖がからまっていたので，<u>鎖をたるませる</u>。不適当である。

給水装置施工管理法

問題番号	解答番号	ワンポイント解説
51	(2)	工程管理は，契約書に定めた工期内に工事を完了するため，事前準備の<u>現地調査</u>や水道事業者，建設業者，道路管理者，警察署等との調整に基づき<u>工程管理計画</u>を作成し，これに沿って，効率的かつ経済的に工事を進めていくことである。 工程管理するための工程表には，<u>バーチャート</u>，ネットワーク等があるが，給水装置工事の工事規模の場合は，<u>バーチャート</u>工程表が一般的である。 (2)は適当である。
52	(1)	(2)(3)(4)は正しい。 (1)は，工事着手前速やかに，適当である。 工事着手後速やかに，は，不適当である。
53	(2)	(1)(3)(4)は正しい。 (2)水道メーター以降の工事は，施工計画書を作成する必要が<u>ある</u>。 宅地内での工事であることから，施工計画書を作成する必要がない。は，不適当である。
54	(1)	イ　ウ　は正しい。 アは，鋳鉄管の<u>内面防食塗装</u>に適した穿孔ドリルを使用する。誤りである。 エは，配水管が，鋳鉄管でサドル付分水栓を取付けて穿孔する場合，防食コアを装着するが，水道配水用ポリエチレン管の場合は防食コアは<u>不要</u>である。誤りである。

問題番号	解答番号	ワンポイント解説
55	(4)	<u>残留塩素</u>，<u>におい</u>，<u>濁り</u>，<u>色</u>，味 (4)は適当である。
56	(4)	「<u>電気設備に関する技術基準を定める省令</u>」等により<u>電気主任技術者</u>が行う。 給水装置工事主任技術者が行うは，不適当である。
57	正答なし	不適当なものが2記述あるため，受験者全員を正解の扱いとしたので，問題削除。
58	(4)	発注者から直接建設工事を請け負った<u>特定建設業者</u>は，下請契約の請負代金の額（当該下請契約が二つ以上あるときは，それらの請負代金の総額）が<u>4,000万円</u>以上になる場合においては，<u>監理技術者</u>を置かなければならない。 (4)は適当である。
59	(2)	事業者は，労働災害を防止するための管理を必要とする<u>政令</u>で定める作業については，<u>都道府県労働局長の免許</u>を受けた者又は都道府県労働局長あるいは<u>都道府県労働局長の指定する者</u>が行う技能講習に修了した者のうちから，<u>厚生労働省令</u>で定めるところにより，作業の区分に応じて，作業主任者を選任しなければならない。 (2)は適当である。
60	(1)	(2)(3)(4)は適当である。 (1) 給水タンク等の天井は，建築物の他の部分と兼用<u>できない</u>。 建築物の他の部分と兼用できる。は，不適当である。